AF475757

FACULTÉ DE DROIT DE PARIS.

THÈSE

POUR LE DOCTORAT.

L'ACTE PUBLIC SUR LES MATIÈRES SUIVANTES SERA SOUTENU

le jeudi 20 juillet 1854, à 8 heures,

PAR

JOSEPH-JEAN-BAPTISTE-MARTIAL GIRAUD,

AVOCAT A LA COUR IMPÉRIALE DE PARIS,

Né à Cagnes, département du Var.

PRÉSIDENT : M. BUGNET, *professeur;*

SUFFRAGANTS : MM. PELLAT, DE VALROGER, *professeurs;* DURANTON, DUVERGER, *suppléants.*

Le candidat répondra, en outre, aux questions qui lui seront faites sur les autres matières de l'enseignement.

PARIS.

IMPRIMÉ PAR E. THUNOT ET Cᵉ,

RUE RACINE, 26, PRÈS DE L'ODÉON.

1854

A M. ALEXANDRE DELAHAYE,

NOTAIRE HONORAIRE, ANCIEN JUGE DE PAIX DU 3e ARRONDISSEMENT DE PARIS,

HOMMAGE DE RECONNAISSANCE.

DES

GARANTIES ACCORDÉES A LA FEMME

POUR LA RESTITUTION DE SA DOT,

SOUS LE RÉGIME DOTAL ET SOUS LE RÉGIME DE LA COMMUNAUTÉ.

PREMIÈRE PARTIE.

DE LA RESTITUTION DE LA DOT SOUS LE RÉGIME DOTAL.

CHAPITRE PREMIER.

DES GARANTIES DE LA RESTITUTION DE LA DOT CHEZ LES ROMAINS.

SECTION I.

DU RÉGIME QUI A PRÉCÉDÉ LE RÉGIME DOTAL CHEZ LES ROMAINS.

Le régime dotal apparaît chez les Romains vers la fin du sixième siècle de Rome.

Avant cette époque l'épouse passait sous la puissance de son mari, *in manum mariti;* elle prenait dans sa famille la qualité de fille, et comme il était de principe qu'il ne pouvait y avoir dans une famille qu'un seul chef, qu'un seul propriétaire, tous les biens qu'avait lafemme et tous ceux qu'elle acquérait ensuite devenaient la propriété du mari. Toutefois, par suite du lien intime, énergique et perpétuel qui unissait les époux, on pourrait dire qu'une espèce de communauté de tous biens s'établissait entre eux au moment même du mariage. C'est d'ailleurs ce que les auteurs révèlent d'une manière si formelle qu'il n'est guère permis d'élever un doute à cet égard : Modestin, en effet, s'exprime en ces termes : « Les noces » sont la conjonction de l'homme et de la femme, l'asso- » ciation de toute la vie, la communication du droit divin » et humain. » (Dig., lib. XXII, tit. II, L. 2). Cette définition ne pouvait point convenir aux unions conjugales qui se formaient chez les Romains sous les empereurs; mais elle rappelle les anciens principes et les anciens effets des justes noces; aussi Denis d'Halicarnasse rapporte-t-il que d'après une loi de Romulus qui a longtemps été en vigueur : « La femme unie à un homme selon les » lois sacrées participe à tous ses biens et à ses choses » saintes. » (Denis d'Halicarnasse, *Antiq. Rom.*, liv. II, § 25).

Dans cette première époque du droit romain, la femme qui ne pouvait avoir en propre aucune espèce de biens, n'avait jamais aucune action pour contraindre son mari à la restitution de ce qu'elle lui avait apporté. C'est ce que nous transmet, en effet, Aulu-Gelle : « Chacun sait, » dit-il, que pendant plus de cinq cents ans après la fon- » dation de Rome, les femmes n'avaient aucune action » ni aucune garantie pour la restitution de leur dot; car, » ajoute-t-il, il n'en était nul besoin, le mariage ne se » brisant jamais par le divorce. » (Aulu-Gelle, *Nuits attiques*, liv. IV, § 3).

L'épouse était donc la fille aînée de son mari, et la sœur quiritaire de ses enfants; si elle décédait avant son mari, tous les biens restaient à ce dernier; si au contraire le mari venait à prédécéder, la veuve prenait tous les biens à défaut d'enfants, et s'il y en avait un ou plusieurs, elle avait toujours droit alors à une part d'enfant.

Disons brièvement quelles garanties avait la femme de conserver quelques biens dans le cas où elle survivrait à son mari : 1° Si le mari subissait la peine de l'interdiction de l'eau et du feu, la moitié des biens restait à la femme; Plutarque, vie de Romulus, dit : « Της οὐσιας ἀυτου τὸ μὲν της γυναικος εἶναι » ; — 2° Les aliénations des *res mancipi* (c'est-à-dire des choses qui formaient la fortune stable des Romains) et les obligations se formant seulement au moyen des formes publiques et solennelles *per æs et libram*, et les fortunes se révélant tous les cinq ans sur les tables du cens, la femme avait des garanties contre les prodigalités et les abus d'administration de son mari : en effet, s'il apparaissait qu'un mari abusât de ses pouvoirs d'administrateur, le magistrat prononçait contre lui cette sentence solennelle qui lui interdisait l'administration de ses biens : « Quando tua bona paterna » avitaque nequitia tua perdis, liberosque tuos ad egestatem » perducis, ob eam rem tibi ea re commercioque interdico. » (*Pauli sent.*, lib. III, tit. IV, § 7); — 3° La femme avait aussi des garanties contre l'abus des actes de dernière volonté. En effet, le mari, soit *calatis comitiis*, soit *per æs et libram*, ne pouvait tester que d'une manière publique et solennelle. Cette vérité résulte de l'histoire du testament dans lequel l'institué ne commence à être ignoré des témoins que vers la fin du septième siècle de Rome; or, il est certain que le mari n'aurait pas été autorisé à laisser dans la misère son épouse en ne la comprenant pas dans ses dernières dispositions.

SECTION II.

DES CAUSES QUI ONT FAIT INTRODUIRE LE RÉGIME DOTAL.

Le régime dotal apparaît au moment où les divorces commencent à se généraliser. D'après les historiens de Rome, le premier divorce arrive au commencement du sixième siècle, et le premier mari qui a répudié son épouse est *Spurius Carvilius*. Bientôt les divorces deviennent nombreux, et ensuite avec le luxe, les richesses et la corruption des mœurs, ils deviennent si fréquents que Sénèque nous dit que les femmes illustres comptent leurs années par le nombre de leurs maris et non par celui des consuls : « Non consulum numero, sed mari- » torum annos suos computant. » (Sénèque, *De benef.*, liv. III, § 16).

Si l'on recherche quelle est la cause des divorces si nombreux que l'on voit apparaître chez les Romains vers la fin de la République et sous l'Empire, il semble qu'il faut l'attribuer, en grande partie, aux guerres fréquentes et lointaines qui retenaient souvent, pendant une longue durée, les citoyens loin de leur domicile et de leur famille. Ce texte de Quinte-Curce peut nous faire comprendre quelles discordes ces guerres lointaines ont dû occasionner au sein de l'union conjugale : « Alexan- » dre, dit-il, renvoya dans leurs foyers les plus anciens de » ses soldats, il retint près de lui leurs enfants nés de ma-

» riages faits en Asie (ces enfants étaient au nombre de » dix mille); il craignait que s'ils se rendaient en Macé» doine avec leur père et habitaient avec la première » épouse et les premiers enfants, chaque famille ne fût » en proie aux querelles et aux discordes. Il promit donc » de prendre lui-même soin de ces enfants et de les faire » élever suivant la coutume de la Macédoine. » (Quinte-Curce, liv. X, chap. IV). La cité romaine, fière de ses conquêtes et de sa gloire, ne pouvait point remédier d'une manière analogue aux nombreux inconvénients qui résultaient des longues absences; c'est pourquoi les mœurs nouvelles ont permis de négliger, pour les mariages, les anciennes formes solennelles de la *confarreatio*, de la *coemptio* et la consultation des auspices; aussi le lien conjugal perd de son antique énergie, il devient un contrat purement civil et dissoluble par le seul dissentiment des époux qui, dans cette situation, trouvaient trop pesant le joug du mariage.

Puisque les antiques solennités, qui faisaient passer la femme sous la puissance et dans la famille de son mari, ne sont plus observées, la femme reste dans sa famille et sous la puissance de son père; si elle est *sui juris*, elle conserve son indépendance à l'égard de son mari. Toutefois, comme les charges de l'entretien de la femme, de la nourriture et de l'éducation des enfants, et toutes les autres charges du mariage, continuent à peser sur le mari, la femme ou ses parents constituent en dot une certaine quantité de biens que le mari s'oblige à restituer dans le cas où le mariage serait brisé par décès ou par le divorce. A cette occasion, il intervenait une stipulation. Ordinairement, ce qui était constitué en dot consistait dans des fonds de terre : la femme les *mancipait* à son mari et stipulait que, dans les cas que nous venons d'indiquer, le mari les lui rémanciperait ; c'est ce que l'on appelle la clause de fiducie, *lex fiduciæ.*

Nous disons que la femme ne se constituait ordinairement que des fonds en dot. Cela provenait de ce qu'elle préférait garder les *res nec mancipi* dont elle pouvait disposer à son gré, sans être forcée de recourir à l'*auctoritas* de son tuteur.

Pour obtenir, en cas de divorce ou de prédécès de son mari, la restitution de sa dot, la femme n'avait, dans l'origine, que l'action *ex stipulatu* ou *fiduciæ directa ;* de là, si elle avait négligé de stipuler la restitution de sa dot, elle n'avait jamais aucune action contre son mari ou ses héritiers. Ce principe concorde avec la règle ancienne : que les obligations ne naissent que d'un contrat, qui était autrefois toujours solennel, et d'un délit.

SECTION III.

DES GARANTIES DE LA RESTITUTION DE LA DOT SOUS LES EMPEREURS D'OCCIDENT.

Actions *ex stipulatu* et *rei uxoriæ* ; loi *Julia ;* privilége ; donations entre époux ; sénatus-consulte velléien ; nécessité de l'intervention de la femme pour la restitution à son père de la dot.

§ 1. — Des actions *ex stipulatu* et *rei uxoriæ.*

Ainsi que nous venons de le voir, la femme n'avait, pour la restitution de sa dot, que les garanties qu'elle avait stipulées. Cependant *Servius Sulpicius*, qui vivait du temps de Cicéron, écrit le premier, dans son livre sur la dot, ainsi que le rapporte Aulu-Gelle, que des garanties de la restitution de la dot lui paraissent nécessaires. Bientôt la femme obtient l'action *rei uxoriæ*, qui est personnelle et de bonne foi, pour demander la restitution de sa dot, lorsqu'elle n'avait fait à cet égard aucune stipulation. Et cette action, chose bien remarquable, lui était acquise alors même que la dot avait été constituée au mari par un tiers en l'absence de la femme.

Voyons les différences principales qui existent entre l'action *ex stipulatu* et l'action *rei uxoriæ*.

I. — 1° L'action *ex stipulatu* est de droit strict; et comme il est de principe que l'on stipule pour soi et ses héritiers, cette action passait aux héritiers de la femme, si elle décédait durant le mariage ou si, après le divorce, elle mourait sans avoir poursuivi son mari.

2° Personne ne pouvant stipuler pour autrui, il est certain que la femme n'acquérait cette action que lorsqu'elle avait solennellement interrogé son mari lors de la constitution de la dot.

3° L'action *ex stipulatu* étant de droit strict, le mari qui était poursuivi devait rendre immédiatement toute la dot; il ne pouvait exercer aucune retenue, ni sous le prétexte de compensations résultant d'impenses utiles, ni sous celui qu'en payant toute la dot, il sera réduit, lui et ses enfants, au dénûment.

II. — 1° L'action *rei uxoriæ*, au contraire, est de bonne foi. Comme elle est introduite par dérogation au principe que les actions ne naissent que des stipulations et des délits, et comme cette dérogation n'est intervenue qu'en faveur de la femme, il s'ensuit que cette action lui est strictement personnelle, et qu'elle ne pourrait passer à ses héritiers que dans le cas où, après le divorce ou le prédécès de son mari, elle aurait fait des poursuites en restitution de la dot.

2° Sans aucune stipulation, la femme acquérait un droit à la dot constituée par elle ou par un tiers; car elle avait l'action *rei uxoriæ* pour tout ce qui était promis ou donné au mari à titre de dot, *dotis causa :* il n'y avait pas à distinguer si la femme était ou non intervenue à l'acte.

3° L'action *rei uxoriæ* étant *bonæ fidei*, le mari avait un délai pour la restitution des choses données en dot, qui s'appréciaient au compte, au poids et à la mesure, et pour le payement des choses meubles ou immeubles qui avaient été constituées avec estimation. Ce délai était de trois ans, et le mari pouvait se libérer par tiers, *annua, bima, trima die.* Mais la restitution des corps certains, qui devaient toujours rester en la possession du mari, devait se faire le jour même de la dissolution du mariage. Le caractère de cette action, dans laquelle on appréciait les obligations *ex æquo et bono*, permettait au mari d'invoquer la compensation à raison des impenses utiles, et même bientôt à raison de toutes les créances qu'il aurait pu avoir contre sa femme. Enfin, comme il eût été contraire à la nature de l'association conjugale que la femme pût réduire son mari, le père de ses enfants, au dernier dénûment, celui-ci obtenait le bénéfice de compétence, c'est-à-dire, n'était condamné que jusqu'à concurrence de ses facultés, *quatenus facultates ejus patiuntur, in quantum facere potest* (*Instit.*, lib. IV, tit. VI, § 37).

§ 2. — De la loi *Julia*.

Le mari devient propriétaire des objets que la femme ou des tiers lui ont constitués en dot ; de là pour les obtenir ou les recouvrer la femme n'avait point d'action réelle, mais une action personnelle, soit *ex stipulatu* soit *rei uxoriæ*. Propriétaire absolu de la dot, le mari pouvait donc aliéner, hypothéquer et engager tous les objets qui en faisaient partie, en restant, néanmoins, soumis à des dommages-intérêts à l'égard de sa femme et de ses héritiers dans certains cas, si, par son fait, il s'était mis dans l'impossibilité de restituer les corps certains. Pour donner à la femme une plus grande garantie de la restitution de sa dot, qui, comme nous l'avons dit, consistait principalement en immeubles, la loi *Julia, de adulteriis et de fundo dotali*, vient introduire, à cet égard, deux remarquables innovations. Avant que de les signaler, disons quelques mots des causes de discorde et de divorce que révèle le titre même de cette loi Julia. Dans une union conjugale où la femme n'entre plus dans la famille de son mari, n'est plus attachée à ses enfants par aucun lien civil et conserve à l'égard du mari toute son indépendance, à une époque où les mœurs générales sont tombées dans la dissolution, les hommes et les femmes finissent par considérer comme insupportable le joug conjugal, tant à cause des adultères de la femme qu'à cause des prodigalités du mari, qui rendaient illusoire l'action personnelle en restitution de la dot. La loi Julia, portée sous Auguste, qui voulait rendre au mariage quelque chose de son ancien honneur et de son ancienne dignité, a introduit une action publique contre la femme adultère d'une part, et, d'autre part, a donné à la femme des garanties au sujet de son fonds dotal.

D'après cette loi, le mari, quoique propriétaire de la dot, *quamvis ipsius sit, vel mancipatum ei dotis causa, vel in jure cessum, vel usucaptum* (Gaii *Inst. com.*, II, § 63), ne peut plus aliéner le fonds dotal sans le consentement de sa femme, *invita muliere;* et, en outre, il ne peut pas hypothéquer ce fonds même du consentement de sa femme, *etiam volente.* La raison de différence entre l'aliénation et l'hypothèque introduite par la loi Julia, suivant les auteurs, est celle-ci : « L'aliénation des immeubles n'est » pas aussi rigoureusement défendue que la constitution » d'hypothèque, parce que l'effet de l'aliénation est sail- » lant et direct, tandis que l'effet de l'hypothèque qui » confère au créancier le pouvoir d'aliéner la chose sou- » mise à ce droit est plus indirect et moins saillant ; on » craint, par conséquent, que la femme qui ne vou- » drait point consentir à l'aliénation de son fonds do- » tal, ne constitue trop facilement un droit d'hypothèque » dont elle ne prévoit pas toujours les conséquences » fâcheuses. » Ces motifs sont très-certainement fondés en raison ; cependant nous pensons que cette différence remarquable provient de la différence même dont se formaient l'aliénation d'un fonds et l'hypothèque. N'oublions pas, en effet, que l'aliénation des *res mancipi* ne peut être faite que d'une manière solennelle, soit par la *mancipatio*, soit par l'*in jure cessio,* et que ces formes renferment de grandes garanties contre la légèreté d'un consentement. L'hypothèque, au contraire, qui prend son origine dans le droit prétorien, se formait par un simple pacte ; par conséquent aucune tradition, aucune solennité, aucune publicité n'était nécessaire pour sa validité. De là on pouvait craindre plus facilement de la part de la femme un consentement qui aurait pu être l'effet du dol, de la surprise ou de sa légèreté. Ajoutons qu'à l'époque où la loi Julia est portée, la femme était encore sous la tutelle perpétuelle de son plus proche agnat, sans l'*auctoritas* duquel elle ne pouvait pas figurer dans les actes *per æs et libram*, ou *coram populo*, et, par conséquent, dans l'aliénation du fonds dotal, tandis que la constitution d'hypothèque n'étant pas publique, l'autorisation de son tuteur n'était pas nécessaire pour le consentement que la femme donnait à cet acte. Ces raisons, qui sont tirées de la nature même de ces deux actes et des institutions romaines, nous semblent avoir déterminé le législateur de la loi Julia à établir cette différence remarquable entre l'aliénation et l'hypothèque du fonds dotal. Aussi lorsque nous verrons disparaître la tutelle perpétuelle des femmes et la distinction des *res mancipi* et *res nec mancipi*, de sorte que la simple tradition suffira pour la translation de la propriété d'un fonds, l'aliénation du fonds dotal sera, sous Justinien, prohibée aussi rigoureusement que l'hypothèque.

Depuis la loi Julia, le fonds dotal, qui ne peut être aliéné sans le consentement de la femme ni hypothéqué (Dig., lib. XXIII, tit. V, L. 16 et 17), ne peut être usucapé pendant le mariage ; de là si un tiers a reçu le fonds dotal du mari ou s'en est emparé et l'a possédé pendant deux ans *animo domini*, la femme et, dans certains cas, ses héritiers, pourront lui enlever ce fonds. On peut se demander par quelle action la femme ou ses héritiers agiront contre ce tiers détenteur du fonds dotal : évidemment ce n'est pas par une action personnelle, ce n'est pas non plus par une action réelle civile, puisque dans cette dernière action la femme soutiendrait qu'elle est propriétaire *ex jure Quiritium ;* mais ce sera, ce nous semble, par une action réelle utile, dans laquelle la femme sera supposée *utilitatis causa* avoir toujours gardé la propriété du fonds dotal.

§ 3. — **Du privilége.**

Les Romains, à dater surtout du siècle d'Auguste, ont proclamé ce grand principe : Il importe à la république que les femmes aient des dots garanties, afin qu'elles puissent se marier, *Reipublicæ interest mulieres dotes salvas habere, propter quas nubere possunt* (Dig., L. 2, *de Jure dotium*). Ce prince est proclamé par tous les jurisconsultes. De là, comme nous venons de le voir, découle la loi *Julia, de fundo dotali;* de là, encore, découle la maxime que la dot doit être toujours et partout préférée, et que les ascendants paternels sont tenus de constituer une dot à leur fille. Nous allons dans ce paragraphe traiter spécialement du privilége de la dot.

La cause de la dot, dit Pomponius, doit être toujours et partout préférée (Dig., liv. XXIV, tit. III, L. 1, et Cod., L. 12, *Qui potiores in pignore*). La conséquence que l'on a tirée de cette règle est que la femme a pour la restitution de sa dot un privilége sur les biens de son mari, c'est-à-dire qu'elle sera payée sur le prix de ses biens par préférence aux autres créanciers; mais il est à remarquer qu'elle ne prime que les créanciers simples cédulaires; elle est donc elle-même primée par les créanciers hypothécaires, jusqu'à l'époque où Justinien lui accorde une hypothèque sur les biens de son mari, hypothèque qu'il rend même privilégiée. Toutefois, avant Justinien rien n'empêchait la femme de convenir avec son mari qu'elle aurait sur les biens de ce dernier une hypothèque, ce qui la faisait primer tous les créanciers hypothécaires postérieurs.

§ 4. — Des donations entre époux.

Dans l'ancien droit lorsque la femme tombait *in manum mariti*, les donations entre époux n'étaient pas possibles, car, de même qu'un fils de famille, l'épouse ne pouvait rien avoir en propre. Mais il en est autrement sous le régime dotal. La femme conserve la propriété et l'administration de tous les biens qu'elle n'a pas constitués en dot, elle peut donc, surtout depuis l'abrogation de la tutelle perpétuelle, disposer de ses paraphernaux comme bon lui semble. Les deux administrations distinctes du mari et de la femme devenaient souvent, au sein de l'union conjugale, une source de captations et une cause de ruine pour l'un des époux et principalement pour la femme. Il suivit de là que les mœurs ont considéré comme nulles les donations entre époux. Ulpien explique ainsi la source et la cause de cette prohibition : « Moribus apud nos receptum est, ne inter virum et uxo- » rem donationes valerent : hoc autem receptum est, ne » mutuato amore invicem spoliarentur, donationibus non » temperantes sed profusa erga se facilitate. » (Dig., lib. XXIV, tit. I, L. 1). Cette prohibition introduite pour que les mariages ne devinssent pas d'odieuses spéculations, comme le rapporte le jurisconsulte Paul (Dig., *ibidem*, L. 2), s'étendait à toutes les donations directes ou même indirectes. Ainsi l'un des conjoints ne peut pas libérer l'autre, ni directement en lui faisant acceptilation de sa dette, ni même indirectement en payant sa dette à un créancier; il ne peut non plus laisser éteindre par son silence ou son inaction les servitudes personnelles ou réelles dont sont grevées à son profit les propriétés de son conjoint.

Les donations entre époux étaient donc, d'après le droit introduit par les mœurs, frappées d'une nullité absolue. Mais un sénatus-consulte porté sur la proposition de Caracalla, du vivant même de Septime Sévère, considéra les donations entre époux comme faites à cause de mort (Dig. liv. XXIV, tit. I, L. 32, *principium* et §§ 1 et 2); le donateur peut donc révoquer ce qu'il a donné à son conjoint, mais son héritier est obligé de respecter cette donation.

La disposition de ce sénatus-consulte a toujours été conservée dans la législation romaine et elle a passé avec une légère modification dans notre art. 1098 C. Nap.

La prohibition des donations entre époux semble étrangère au principe de la restitution de la dot, mais elle tient essentiellement au régime dotal, sous lequel elle a pris naissance; elle tient principalement à la conservation du patrimoine de la femme, et sous ce rapport on peut dire qu'elle rentre dans le système de la constitution et de la conservation de la dot.

Si la dot est restituée sans cause légitime à la femme par son mari pendant le mariage, cette restitution est considérée comme une donation faite par le mari à son épouse (Cod., liv. V, tit. XIX, L. 1). La dot dans ce cas subsiste encore entièrement. Toutefois, si le mari restitue une partie de la dot à sa femme pour une cause légitime, par exemple, pour nourrir ses enfants d'un premier lit, ses parents, ses frères ou ses sœurs, cette restitution est valable (Dig., liv. XXIII, tit. III, L. 73, § 1).

§ 5. — Du sénatus-consulte velléien.

Le même motif qui a fait prohiber les donations entre époux a fait porter par Auguste et ensuite par l'empereur Claude un édit par lequel il était défendu aux femmes de s'obliger pour leur mari, *ne feminæ pro viris suis intercederent* (Dig., liv. XVI, L. 2, *principium*). Ensuite sous le règne de Claude, sur la proposition des consuls Marcus Silanus et Velléius Tutor, fut porté le sénatus-consulte appelé Velléien. D'après ce sénatus-consulte les femmes ne peuvent intercéder, c'est-à-dire s'oblibliger pour personne. Paul s'exprime en ces termes à cet égard : « In omni genere negotiorum et obligationum tam » pro viris quam pro feminis intercedere mulieres pro- » hibentur » (*Pauli Sent.*, lib. II, tit. XI, § 1).

Lorsqu'une femme s'est obligée pour autrui, elle peut, quand elle est poursuivie, repousser le créancier au moyen d'une exception tirée de ce sénatus-consulte (Cod., liv. IV, tit. XXIX, L. 1); si elle avait payé la dette qu'elle avait contractée pour autrui, elle pouvait même agir en répétition contre le créancier (*ibidem*, L. 9).

Le sénatus-consulte velléien s'est toujours conservé dans le droit romain jusqu'à Justinien qui ne lui a fait que de faibles modifications, et de Rome il a passé dans les pays de droit écrit, ainsi que nous le verrons dans le chapitre deuxième.

Ce sénatus-consulte a une relation si intime avec le régime dotal que c'est, selon certains auteurs, d'après l'application qui en a été faite dans nos pays de droit écrit, que la femme ne peut faire aucun acte qui tende à diminuer le montant de ses reprises dotales, ni les garanties destinées à garantir la restitution de sa dot. On comprend par là qu'il nous était impossible de passer sous silence une disposition aussi importante.

§ 6. — De la nécessité de l'intervention de la femme pour la restitution à son père de la dot.

Du temps d'Auguste, l'obligation a été imposée au père ou à l'ascendant paternel de doter sa fille ou sa petite-fille, afin que cette dot facilite son mariage, *propter quas nubere possunt;* dès lors, si le père a dit à son gendre quelle dot il lui donnerait pour sa fille, il est obligé dès que le mariage a été formé. Ainsi, de sa part, une simple *dictio* suffit sans l'observation d'aucune formalité pour faire naître une obligation civile, ce qui est une dérogation bien remarquable aux anciens principes. Si le père refuse de constituer une dot suffisante à sa fille, celle-ci peut faire intervenir le magistrat qui, eu égard aux facultés et à la fortune de son père, fixe lui-même le montant de la dot. Cette dot constituée par le père est apelée *profectitia;* les différentes garanties qui concernent sa restitution sont introduites en partie dans l'intérêt du père. En effet, en cas de dissolution du mariage par le prédécès de sa fille, la dot qu'il a donnée doit lui revenir sous la déduction d'un cinquième à raison de chaque enfant né du mariage. Voici la raison que donne le jurisconsulte Pomponius : Jure succursum » est patri, ut filia amissa solatii loco cederet, si redde- » retur ei dos ab ipso profecta, ne et filiæ amissæ, et pe-

» cuniæ damnum sentiret. » (Dig., lib. XXIII, tit. III, L. 6, *principium*). Si le mariage est dissous par le divorce ou par le prédécès du mari, le père peut réclamer, en général, toute la dot; mais comme cette dot a pour but l'intérêt de la fille, *ipsius patris et filiæ dos est* (Dig., lib. XXIV, tit. III, L. 2, § 1), son père de famille ne peut, sans son consentement, ni agir en réclamation de la dot, ni la recevoir, ni la diminuer d'une manière quelconque (*ibidem*, §§ 1 et 5 et L. 3).

SECTION IV.

DES GARANTIES DE LA RESTITUTION DE LA DOT SOUS LES EMPEREURS D'ORIENT.

Préliminaire; donation *propter nuptias;* modification de la loi Julia; hypothèque tacite, privilége; abrogation de l'action *rei uxoriæ ;* propriété de la dot.

§ 1. — **Préliminaire.**

Du temps d'Auguste et sous les autres empereurs d'Occident, le but des garanties de la restitution de la dot était, comme le proclament les jurisconsultes, d'exciter au mariage et de donner à la femme et à son père de famille de la sécurité contre les prodigalités et l'insolvabilité du mari. Si l'on se rappelle que dans le mariage libre la femme n'entrait plus dans la famille de son mari, et était par conséquent civilement étrangère à ses enfants, on sera pénétré de cette vérité que la dot n'était pas garantie dans l'intérêt des enfants. En effet, jusqu'au sénatus-consulte Orphitien porté près de deux cents ans après la loi Julia, sous le règne de Marc-Aurèle, les enfants n'étaient pas héritiers légitimes de leur mère, ils ne pouvaient arriver à sa succession qu'à défaut d'agnats, en qualité de possesseurs de biens. Depuis ce sénatus-consulte, les enfants nés de justes noces, du concubinat ou *spurii*, sont élevés, il est vrai, au rang d'*agnati* de leur mère, et par conséquent, ils profitent des garanties de la restitution de la dot, s'ils viennent à son hérédité, c'est-à-dire si leur mère décède *sui juris*, excepté, néanmoins, le cas où elle n'a pas stipulé la restitution de la dot et que son décès arrive pendant le mariage. Si ce point avait besoin d'être démontré, on verrait par là que les garanties de la restitution de la dot n'ont pas été introduites dans l'intérêt des enfants nés du mariage, et que s'ils en ont profité quelquefois, surtout depuis le sénatus-consulte Orphitien, ce n'est là qu'une conséquence même affaiblie de la qualité de successeurs de leur mère.

Mais sous les empereurs d'Orient et sous l'idée du principe chrétien que les deux époux ne font plus qu'un, *individuam vitæ consuetudinem continens*, la femme devient plus fortement unie à son mari et surtout à ses enfants qu'elle ne leur était unie sous les empereurs d'Occident. En effet, la mère qui a omis d'instituer ses enfants sans cause, fait un testament qui peut être attaqué par la plainte d'inofficiosité, et les enfants, rattachés ainsi plus étroitement à leur mère, sont admis par les empereurs Valentinien et Théodose à prendre, en la représentant, les deux tiers de ce qu'elle aurait recueilli dans la succession de son père, s'ils étaient en concours avec des héritiers siens, ou les trois quarts de la succession s'ils étaient en concours avec des agnats.

Justinien fortifie encore le lien de la nature qui unit l'aïeul maternel à ses petits-enfants, en admettant ceux-ci à représenter entièrement leur mère; puis, enfin, en supprimant les liens de l'agnation, il rend aussi fort le lien qui unit les enfants à la mère et aux autres parents maternels que celui qui les unit à leur père et aux autres parents paternels.

Dès lors, et surtout en présence des nouveaux principes, qui ne considèrent pas avec faveur les secondes noces, nous devons dire que la dot et ses garanties ont pour but l'intérêt de la famille et surtout des enfants. C'est ce qui apparaît dans la novelle 98 de Justinien, qui décide que tous les gains de survie que l'un des époux obtiendra de son conjoint, soit sur la dot, soit sur la donation à cause de noces, doivent être conservés aux enfants; en sorte que le survivant n'a que l'usufruit du gain de survie, tandis que les enfants en ont la nue propriété : « Usum quidem lucrorum ex nuptiis apud eos » constitutum, proprietatem vero eorum filiis omnino » servandam » (nov. 98, cap. 1).

§ 2. — Donation *propter nuptias*.

Chez tous les peuples, il est d'usage que le fiancé fasse des dons à sa future; leur valeur varie suivant les temps et la fortune des époux. Ces dons ont, sous les empereurs d'Orient, pris un caractère tout particulier. De même que la femme transportait à son mari la propriété de certaines choses constituées en dot, afin que les fruits en soient affectés par lui aux besoins du ménage; ainsi, de son côté, le mari transfère à sa femme la propriété de certaines choses à l'occasion du mariage; c'est ce qu'on appelle donation *anténuptiale*, et que Justinien a appelé donation *propter nuptias*. Dans l'origine, cette donation, comme l'indique son nom même, devait toujours être faite avant le mariage; mais sous l'empereur Justin, elle peut être augmentée et même constituée pendant le mariage; c'est pourquoi Justinien change son ancien nom et l'appelle *propter nuptias.*

Recherchons maintenant le caractère et le but de cette donation. De même que le mari acquérait, au moins avant Justinien, la propriété des choses constituées en dot, de même la femme acquérait la propriété des choses données à cause des noces; c'est ce que manifeste suffisamment l'expression *donatio.*

Sous les empereurs d'Orient, comme la femme est rattachée civilement à ses enfants, et qu'il existe entre eux des droits réciproques de succession, il est à croire que, outre l'utilité personnelle que la femme en retire, cette donation a pour but, de même que la constitution de dot, d'assurer des aliments à la famille. En effet, si le mari a intérêt d'avoir une dot pour lui aider à subvenir aux besoins du ménage, la femme a maintenant un vif intérêt à ce que le mari apporte, de son côté, d'une manière irrévocable, quelques biens dont les fruits auront le même but que ceux de la dot.

Au reste, on comprend pour la femme l'utilité de cette donation qui est pour elle une garantie de la restitution de sa dot. Pour ce qui était dû au mari à raison de ses impenses utiles ou autres créances, il pouvait retenir la dot jusqu'à son payement. La femme avait sur les choses qui faisaient l'objet de la donation *propter nuptias*, un pareil droit de rétention jusqu'au payement de sa dot. Enfin, ordinairement, les époux stipulent réciproquement, à titre de gain de survie, une quotité soit de la dot, soit de la donation *propter nuptias*. Comme il y avait souvent différence de valeur entre la dot et la donation, Justinien convertit les stipulations de quotité (Cod., liv. V, tit. XIV, L. 9) en stipulations de sommes; de sorte qu'il y eut toujours égalité parfaite de gain de survie pour le mari et pour la femme (nov. 97, cap. 1). Ce qui démontre bien évidemment que non-seulement la dot, mais aussi la donation a pour but l'utilité des enfants, c'est que tout ce qui arrivait aux époux comme gain de survie devait être conservé aux enfants qui en devenaient nus-propriétaires (nov. 98, cap. 1).

§ 3. — Modification de la loi Julia.

La loi Julia n'était applicable qu'aux fonds dotaux situés en Italie, et elle en permettait l'aliénation faite par le mari du consentement de sa femme. Sous Justinien, les fonds de l'*ager romanus*, de l'Italie et des provinces, sont placés sous les mêmes règles de droit. Il n'y a plus aucune différence entre les fonds d'Italie et les fonds de la province, entre les fonds stipendiaires et les fonds tributaires (Inst., liv. II, tit. I, § 40). Par suite de cette assimilation, Justinien applique aux fonds situés dans les provinces le principe protecteur des dots de la loi Julia.

En outre, comme l'abrogation de la distinction antique des *res mancipi* et *nec mancipi* fait disparaître les anciennes solennités requises pour la translation de propriété des fonds italiques, et comme la tradition d'une chose corporelle suffit toujours pour en transférer la propriété, Justinien place l'aliénation des immeubles dotaux sur la même ligne que leur hypothèque, et, par conséquent, il en prohibe l'aliénation même du consentement de la femme (Cod., lib. V, tit. XIII, § 15. — Inst., lib. II, tit. VIII, *principium*).

Il est à remarquer que les immeubles qui ont été donnés à cause de noces ne peuvent être, ainsi que les fonds dotaux, ni aliénés ni hypothéqués pendant le mariage (nov. 61, cap. 1).

§ 4. — Hypothèque tacite; privilége.

Ainsi que nous l'avons vu au § 3 de la sect. III, la femme avait une créance privilégiée qui la faisait préférer aux créanciers cédulaires de son mari, mais elle était primée par ses créanciers hypothécaires : de là il arrivait souvent que son privilége pour la restitution de sa dot était illusoire. Justinien va accorder aux femmes de plus grandes garanties, et voici les motifs qu'il en donne : « Quis earum non misereatur, propter obsequia quæ maritis præstant, propter partus periculum, et ipsam liberorum procreationem? » (Cod., lib. VIII, tit. XVIII; L. 12, § 1). En conséquence il leur concède une hypothèque générale et tacite sur les biens de leur mari, et les préfère même aux autres créanciers antérieurs à elles en date, lorsqu'elles agissent en reprise de leur dot; mais c'est à elles seules que ce privilége est accordé (Inst., lib. IV, tit. VI, § 29. — Cod., lib. VIII, tit. XVIII, L. 12, § 1).

Quoique ce privilége de l'hypothèque accordée à la femme lui soit personnel et n'ait pour objet que la reprise de sa dot, il faut reconnaître qu'il porte une grande perturbation dans les garanties qui résultent des conventions, et que pour apaiser les inquiétudes de la femme au sujet de sa dot, il anéantit souvent des droits légitimement et antérieurement acquis aux tiers. Aussi ce privilége, repoussé par notre Code, n'a-t-il pas été accepté par la plupart des pays de droit écrit.

§ 5. — Abrogation de l'action *rei uxoriæ*.

Lorsque la femme constituait une dot sans en stipuler la restitution et qu'elle venait à décéder durant le mariage, cette dot restait au mari. Cette disposition était très-équitable dans une époque où les enfants ne recueillaient pas l'hérédité de leur mère, surtout si l'on considère que ces enfants nés du mariage restaient à la charge du mari. Sous Justinien les enfants succèdent en qualité d'héritiers à leur mère et aux parents maternels; de là le motif d'équité disparaît et tous les droits de la femme, tant sur ses biens dotaux que sur ses biens paraphernaux, arriveront, selon le vœu de la nature, à ses descendants.

C'est pourquoi Justinien confond l'action *rei uxoriæ* dans l'action *ex stipulatu*. Le mari est toujours considéré comme ayant promis la restitution de la dot, par conséquent l'action relative à la dot passe toujours aux héritiers de la femme; mais le mari peut retenir la dot pour le payement de ses impenses utiles, il a un an pour la restitution des sommes et des choses fongibles et il ne peut être condamné que jusqu'à concurrence de ses facultés. L'action *ex stipulatu* en restitution de la dot prend ainsi le caractère d'action de bonne foi (Inst., lib. IV, tit. VI, § 29).

§ 6. — De la propriété de la dot.

Le mari est-il propriétaire de la dot? Il nous faut distinguer s'il s'agit de choses fongibles ou estimées, ou s'il s'agit de corps certains que le mari doit rendre identiquement.

Lorsqu'il s'agit de sommes, de choses fongibles et de choses estimées, dans toutes les époques du droit romain le mari en est devenu propriétaire, et par conséquent la femme n'a jamais eu qu'une action personnelle contre lui.

Lorsqu'il s'agit de choses que le mari doit restituer identiquement, il nous faut distinguer si ces choses sont ou non des fonds.

Le mari est, du moins jusqu'à Justinien, propriétaire des choses qui ne consistent pas en fonds, lors même qu'il est tenu de les restituer identiquement; mais s'il les aliène et ne peut conséquemment pas en retransférer la propriété à sa femme, il est soumis à des dommages-intérêts.

A l'égard du fonds dotal, il est certain que le mari qui est tenu de le restituer identiquement pouvait, avant la loi Julia, en faire l'aliénation. Ce fonds était mancipé au mari avec une stipulation appelée clause de fiducie, *lex fiduciæ*, par laquelle le mari s'obligeait à retransférer solennellement à la femme la propriété de ce fonds. Il suffit de connaître les effets de la mancipation pour être convaincu que le mari était propriétaire et pouvait exercer tous les droits inhérents à cette qualité. La femme n'avait donc qu'une action personnelle contre son mari appelée *fiduciæ directa*, et si celui-ci avait transféré la propriété du fonds à un tiers, la femme n'avait aucune action contre ce tiers.

Depuis la loi Julia qui prohibe l'aliénation du fonds dotal, on voit naître des espèces de divergences parmi les jurisconsultes : les uns décident, conformément aux anciens principes, que le mari est propriétaire du fonds dotal ; les autres, au contraire, considèrent la femme comme propriétaire des fonds constitués en dot. Les auteurs modernes sont encore divisés sur cette grave question. Voici les textes sur lesquels on s'appuie pour accorder la propriété exclusive du fonds dotal au mari : « Dotale prædium maritus invita muliere, per legem Ju- » liam, prohibetur alienare, quamvis ipsius sit, vel man- » cipatam ei dotis causa, vel in jure cessum, vel usuca- » ptum » (*Gaii Com.*, lib. II, § 63). — « Constante matri- » monio dotem in bonis mariti esse » (Dig., lib. L, tit. 1, L. 21, § 4). — « Si res in dote dentur puto in ma- » ritis bonis fieri, accessionemque temporis marito ex » persona mulieris concedendam » (Dig., lib. XXIII, tit. III, L. VII, § 3). — « Dotale prædium maritus » invita muliere per legem Juliam prohibetur alienare, » quamvis ipsius sit, dotis causa ei datum » (*Inst. Justiniani*, lib. II, tit. VIII, *principium*). — D'autre part et en faveur de la propriété de la femme, on cite les dispositions suivantes : « Dos ipsius filiæ proprium patrimo- » nium est » (Dig., lib. IV, tit. IV, L. 3, § 5). — « Si » thesaurus fuerit inventus, in fructum non computa- » bitur, sed pars ejus dimidia restituetur, quasi in alieno » inventus » (Dig., lib. XXIV, tit. III, L. 7, § 12). — « Si ad munera municipalia a certo modo substantiæ vo- » centur, dotem non debere computari » (Dig., lib. L, tit. I, L. 21, § 4). On cite encore d'autres textes généralement mal compris, surtout la loi 75 au Digeste, *De jure dotium.*

Enfin certains passages semblent donner des arguments à l'une et à l'autre opinion. « Quamvis in bonis » mariti dos sit, mulieris tamen est » (L. 75, Dig. *De jure dotium*). — « Volumus eam (mulierem) in rem actio» nem in hujusmodi rebus quasi propriis habere, et hy» pothecariam omnibus anteriorem possidere : ut sive ex » naturali jure ejusdem mulieris res esse intelligantur, » sive secundum legum subtilitatem ad mariti substan» tiam pervenisse videantur, per utramque viam, sive in » rem, sive hypothecariam ei plenissime consulatur » (Cod., lib. V, tit. XII, L. 30).

Nous pensons que le mari était propriétaire du fonds dotal. La loi Julia ne restreignant que ses pouvoirs, il s'ensuit qu'il a conservé tous les droits anciens qui ne lui ont pas été expressément enlevés. Les passages que l'on cite en faveur de l'autre opinion sont, à nos yeux, presque tous étrangers à la question. En outre, on ne peut pas dire que le mari n'avait que le domaine civil, tandis que la propriété naturelle ou bonitaire aurait appartenu à la femme, car la distinction des deux domaines nous semble entièrement étrangère à la dot. Si la femme est propriétaire du fonds dotal mancipé ou cédé *in jure*, le mari, conformément à tous les principes généraux, a le *plenum jus Quiritium*. Si au contraire la femme a seulement *in bonis* le fonds dotal qu'elle a livré avec ou sans solennités, ses droits passent au mari qui obtient ainsi le fonds *in bonis*, l'usucape, et devient ainsi plein propriétaire par l'expiration de deux ans. Si enfin la femme qui a le plein domaine fait à son mari la tradition non solennelle de son fonds, le mari qui a la chose seulement *in bonis* en devient aussi plein propriétaire par l'usucapion (Gaius, Comm., liv. II, § 63). Toutefois, le mari qui devient propriétaire doit, d'après l'intention commune des parties, employer les fruits aux besoins de la femme et accessoirement de la famille et, en outre, dans certains cas déterminés, il est tenu d'en retransférer la propriété à sa femme. Comme celle-ci jouit des fruits de la dot et comme elle est créancière du corps certain dont elle subit les pertes arrivées par cas fortuit, en profitant des augmentations de valeur, les jurisconsultes ont pu dire improprement que la dot lui appartenait.

Au reste, il est certain que la double propriété perpétuelle du mari et de la femme sur les choses constituées en dot est une idée étrangère à la loi romaine.

Cependant, sous Justinien, on voit s'affaiblir le principe que le mari est propriétaire du fonds dotal et même des corps certains qui lui ont été constitués en dot. « Quoi» que, dit-il, la rigueur des principes fasse passer dans » le patrimoine du mari les choses dotales, la vérité n'est » ni détruite ni obscurcie (Cod., liv. V, tit. XII, L. 30). Cet empereur établit ainsi que la femme reste propriétaire des corps certains qui ont été constitués en dot; cependant son innovation laisse encore, à cet égard, subsister bien des doutes, en ce qu'il donne à la femme un droit de revendication des choses dotales et un droit d'hypothèque privilégiée sur ces mêmes choses (*ibidem*). Cette disposition étrange, en ce qu'elle viole le principe *nemini sua res servit*, a été introduite, comme dit cet empereur, pour assurer plus efficacement les droits de la femme. Dès que le mari a ainsi cessé d'être propriétaire des fonds et des corps certains qui doivent être restitués identiquement, il a perdu le droit d'aliéner ces mêmes biens. C'est ce qu'énonce formellement Justinien dans la loi 30 déjà citée : « L'action en revendication de » la femme contre les tiers, dit-il, ne pourra être rendue » inutile ni par l'usucapion (applicable seulement aux » meubles et qui s'accomplit par trois ans), ni par la » possession de longtemps applicable seulement aux im- » meubles), ni par la possession de trente ou quarante » années, ni, enfin, par un délai quelconque. » Par conséquent sous Justinien toutes les dispositions de la loi Julia modifiée sont applicables aux meubles que le mari est tenu de restituer identiquement. Ensuite dans sa novelle 61, § 4, il dit, qu'il a porté sa sollicitude sur les contrats passés par les époux, et que toutes les obligations que la femme formerait relativement aux immeubles faisant l'objet de la donation anténuptiale, et à plus forte raison relativement à la dot, seraient sans effet, peu importe que ces obligations aient été formées par paroles ou par écrit : « Super his obligationem, » quantum ad mulieres, neque dictam neque scriptam » esse volumus. »

Depuis Justinien le mariage devient plus énergique entre les époux et rattache d'une manière aussi forte la mère que le père aux enfants. Dès lors la propriété de la dot et de la donation *propter nuptias*, qui paraît avoir la même fonction que la dot, devient presque incertaine : toute la famille y acquiert des droits, comme toute la famille profite des fruits ; la femme conserve, en la communiquant à son époux et à ses enfants, la propriété de la dot, comme le mari conserve aussi, en la communiquant à sa femme et à ses enfants, la propriété de la donation *propter nuptias*. C'est là le développement particulier et bien remarquable du principe que les enfants sont copropriétaires des biens qui appartiennent à leur père et à leur mère. Ce développement apparaît surtout dans le chap. I de la novelle 98, qui a pour titre *Ut proprietas dotis et propter nuptias donationis servetur filiis.*

Cependant malgré l'innovation de Justinien, qui considère la femme comme étant principalement propriétaire de la dot, on conserve les anciens pouvoirs du mari sur cette dot, parce que les anciens principes de la loi romaine à cet égard, loin d'être en contradiction avec la constitution nouvelle de la famille et avec les principes chrétiens, y étaient entièrement conformes. La mari qui est *caput mulieris* (saint Paul aux Éphésiens, chap. 3, verset 23) et de la famille, a dû la représenter, quant aux droits qui étaient spécialement communs à tous les membres.

CHAPITRE SECOND.

DES GARANTIES DE LA RESTITUTION DE LA DOT DANS LE DROIT FRANÇAIS.

SECTION I.

PRÉLIMINAIRE.

Les lois romaines passèrent dans les Gaules avec la conquête, et jusqu'au XIIe siècle de notre ère on suivit le droit anté-Justinien en ce qui concerne les conventions nuptiales et les garanties de la femme pour la reprise de sa dot. Vers le milieu du XIIe siècle les études du droit romain se portant principalement vers le droit tel que Justinien l'avait constitué, cette législation fut acceptée par les pays du midi de la France, et la dot fut garantie par les lois de Justinien. La femme ne peut plus consentir l'aliénation de son fonds dotal; si elle décède, le mari n'a que l'usufruit des gains de survie sur la dot, et la nue propriété reste aux enfants (novelle 98, cap. I). Les dots profectice et adventice sont régies par les mêmes règles. Les stipulations de gains de survie sont d'une somme égale. La restitution de la dot est assurée par une hypothèque tacite sur les biens du mari, mais la femme n'est point généralement préférée aux créanciers hypothécaires antérieurs.

SECTION II.

LOI JULIA ; SÉNATUS-CONSULTE VELLÉIEN ; HYPOTHÈQUE, PRIVILÉGE.

I.— La loi Julia, qui défend l'aliénation du fonds dotal sans le consentement de la femme, et l'hypothèque de ce fonds même avec son consentement, a été acceptée dans les pays de droit écrit avec les modifications introduites par Justinien, qui prohibe avec la même énergie l'aliénation que l'hypothèque. L'esprit de cette loi s'est, conformément aux innovations de Justinien, qui parle presque toujours de la dot en général, étendu aux choses mobilières que le mari est tenu de restituer identiquement. Le mari n'étant pas propriétaire de ces meubles n'a pas le droit de les aliéner (Despeisse, t. I, tit. V, sect. 2; — Roussille, *de la Dot*, chap. 15, sect. 2 ; — Bretonnier, v° *Dot*). Mais à cause du principe admis en France, tant en pays de droit écrit qu'en pays de droit coutumier, *en fait de meubles la possession vaut titre*, la femme n'avait aucune action, à raison de ces sortes de biens, contre les tiers détenteurs de bonne foi, ou qui étaient possesseurs depuis plus de trois ans. Une déclaration de Louis XIV, du 21 avril 1664, enregistrée au Parlement de Paris le 20 août de la même année, a abrogé la loi Julia ; mais cette abrogation n'a eu d'effet que dans le Lyonnais, le Forez, le Beaujolais et le Mâconnais, provinces de droit écrit ressortissant du Parlement de Paris.

II. — Le sénatus-consulte velléien diffère essentiellement de la loi Julia. Cette loi, en effet, n'est applicable qu'aux biens dotaux, tandis que le sénatus-consulte a pour objet de protéger la femme contre les engagements qu'elle aurait pu contracter pour son mari ou pour d'autres relativement à ses biens paraphernaux. Mais, de même que sous le droit romain, elle conserve la pleine disposition de ces derniers biens et peut les aliéner sans l'autorisation de son mari. Les femmes qui intercédaient pour autrui renonçaient souvent au bénéfice du sénatus-consulte velléien, qui, par là, devenait une garantie inutile ; c'est pourquoi il fut abrogé dans tout le royaume par un édit de Henri IV, du mois d'août 1606, enregistré au Parlement de Paris le 22 mai 1607. Malgré la généralité de cet édit, le velléien resta en vigueur dans tous les pays de droit écrit, à l'exception des quatre provinces où la loi Julia avait été abrogée.

III. — Une hypothèque générale et tacite frappe sur tous les biens du mari pour assurer la restitution de la dot ; mais, dans la plupart des pays de droit écrit, la femme ne prime pas les créanciers dont l'hypothèque est antérieure au mariage. En droit romain, l'hypothèque frappait sur tous les biens tant meubles qu'immeubles; dans le droit français, elle ne confère un droit de suite que sur les immeubles; c'est ce qu'exprime cette maxime reçue dans toute la France : *Les meubles n'ont pas de suite par hypothèque.* Pour suppléer en ce point aux garanties de la femme, celle-ci avait un privilége sur tous les meubles laissés par son mari, et en vertu de ce privilége elle primait tous les créanciers. Ce privilége prend son origine dans cette disposition du droit romain : *Dotis causa semper et ubique præcipua est* (Henrys, t. II, quest. 38; — Roussille, *de la Dot*, § 231).

La femme avait encore le droit de rétention ou d'insistance sur les biens du mari. Elle pouvait donc retenir la possession de ces biens jusqu'au remboursement intégral de sa dot, et cette possession, par application des principes du droit, empêchait toute prescription de courir contre elle à raison de sa dot et de ses reprises. Ce droit de rétention ou d'insistance était opposable non-seulement aux héritiers et aux créanciers du mari, mais encore, en cas de séparation de biens, au mari lui-même.

SECTION III.

DES GARANTIES DE LA RESTITUTION DE LA DOT SOUS LE CODE NAPOLÉON.

Préliminaire; pouvoirs du mari sur les meubles dotaux corporels; pouvoirs du mari sur les créances dotales; pouvoirs du mari sur les immeubles dotaux; imprescriptibilité du fonds dotal; hypothèque légale sur les biens du mari; purge de l'hypothèque légale de la femme; séparation de biens. — Des garanties conventionnelles; caution, emploi, remploi. — Loi des 10-18 juillet 1850.

§ 1. — **Préliminaire**.

En droit romain et dans les pays de droit écrit de la France, la femme ne subissait par le mariage aucune modification de sa capacité. Malgré le mariage, elle restait soit sous la puissance paternelle, soit *sui juris*. Lorsqu'elle était *sui juris*, elle pouvait disposer à son gré de ses biens, et par conséquent, si elle était mariée, de ses paraphernaux. Mais d'après le sénatus-consulte velléien, la femme, mariée ou non, est protégée contre les conséquences fâcheuses de la fragilité de son sexe, en ce qui concerne ses intercessions, c'est-à-dire les obligations qu'elle contracterait pour autrui. Ce sénatus-consulte est intervenu à une époque où la tutelle perpétuelle des femmes venait de disparaître, et avec elle les garanties protectrices du patrimoine de la femme.

Depuis le code, la femme qui se marie est, dans les pays de droit écrit, comme dans les pays de droit coutumier, émancipée de plein droit lors de son union conjugale; elle passe sous la puissance du mari qui devient son protecteur naturel, et subit une notable altération dans sa capacité.

Ce changement, qui met la femme dans la nécessité

de recourir à l'autorisation du mari ou de la justice pour aliéner ou hypothéquer ses immeubles, pour faire ou accepter une donation, pour contracter des obligations, et en un mot pour faire, relativement à ses biens paraphernaux, tout acte dépassant les limites de la libre administration, a-t-il eu pour effet l'abrogation du sénatus-consulte velléien? Cette abrogation nous paraît résulter clairement, du moins quant à la femme mariée, du changement qui s'est opéré dans la capacité de celle-ci; car les motifs qui avaient fait introduire ce sénatus-consulte ont cessé. Toutefois, en ce qui concerne la dot, qui devient pour la famille un patrimoine spécial, un fonds de réserve sur lequel le mari, comme chef de la famille, est chargé, en cette qualité, de pourvoir plus spécialement à ses besoins, a, selon la destination donnée à la dot, de pleins pouvoirs; il semble que la femme est placée dans l'incapacité complète de rien faire qui puisse porter atteinte aux droits de la famille tant que dure le mariage. Par conséquent elle ne peut, même avec l'autorisation de son mari, contracter des obligations conférant aux tiers un droit sur la dot mobilière, ni renoncer aux garanties destinées à assurer la restitution de la dot consistant soit en immeubles, soit même en meubles.

§ 2. — Des pouvoirs du mari sur les meubles dotaux corporels.

Pour déterminer d'une manière précise les pouvoirs du mari sur les meubles dotaux corporels, il faut faire une distinction.

Lorsqu'il s'agit de choses fongibles ou de choses non fongibles, mais estimées, sans déclaration que l'estimation n'en vaut pas vente, le mari peut en disposer librement comme de sa propre chose. On est unanime sur ce point (art. 1551, 1565 Cod. Nap.).

S'agit-il, au contraire, de meubles qui ne sont ni fongibles ni estimés, le mari n'en acquiert pas la propriété, et conséquemment il ne peut pas les aliéner. Toutefois, si la vente faite par le mari a été suivie de la tradition au tiers de bonne foi, celui-ci en devient propriétaire, par application de l'art. 2279 Cod. Nap. Lorsque la tradition n'a pas été faite, il semble que le mari a vendu la chose d'autrui ; il n'y a par conséquent ni aliénation ni acquisition en faveur de l'acheteur (art. 1599 Cod. Nap.). Le mari peut donc, en restant soumis à des dommages-intérêts, se refuser à l'exécution du contrat de vente. — En disant que le mari peut aliéner la dot mobilière, et en invoquant, pour soutenir cette opinion, la loi *Julia*, qui ne prohibe que l'aliénation du fonds dotal, il semble que l'on perd de vue les changements importants que Justinien a introduits. On voit, en effet, que, sous cet empereur, le mari n'est plus propriétaire des choses qu'il est tenu de restituer identiquement. Aussi, comme conséquence de cette innovation, accorde-t-il à la femme une action en revendication contre les tiers détenteurs des choses dotales. On voit ainsi, comme il le dit, la subtilité des lois anciennes faire place à la réalité.

Dans les pays de droit écrit, on a suivi les principes établis par Justinien, modifiés, il est vrai, par la maxime française : *En fait de meubles, la possession vaut titre*, et le Code, qui qualifie le mari d'administrateur des biens qu'il est tenu de restituer identiquement, a voulu consacrer, en ce point, les anciens principes.

De là, si le mari a vendu et livré des meubles dotaux

dont la propriété reste à la femme (art. 1566 Cod. Nap.), il est tenu d'en payer la valeur et des dommages-intérêts, sans délai, après la dissolution du mariage (1564 Cod. Nap.).

Lorsque la femme intervient à la vente faite par son mari, l'acheteur devient-il propriétaire, et s'il y a ensuite tradition, le mari cesse-t-il d'être, à l'égard de la femme, soumis à des dommages-intérêts? Cette question est des plus vivement controversées. Selon M. Troplong, « c'est le droit du mari qui seul fait obstacle au droit de » la femme; or, si cet obstacle est levé, comment donc le » droit de la femme serait-il paralysé? » (*Contrat de mariage*, n° 3255.) Cet auteur considère donc comme valable et translative de propriété la vente des meubles dotaux faite par le mari et la femme, et la doctrine presque unanime des jurisconsultes persévère dans cette opinion, qui est contraire à la jurisprudence.

Pour nous, nous pensons que la dot mobilière est inaliénable tant de la part du mari que de la part de la femme, et qu'elle est placée, en cela, sous la même prohibition que la dot immobilière. Nous avouons que la loi *Julia, de fundo dotali*, ne concerne que le fonds dotal; mais cette loi a subi sous Justinien de graves modifications, et le but de la dot et de sa conservation est devenu essentiellement différent. En effet, les garanties de la conservation de la dot avaient été introduites sous les empereurs d'Occident principalement en faveur de la femme et pour favoriser le mariage, tandis que sous Justinien elles ont pour objet l'intérêt multiple de la femme, du mari et de la famille, ainsi que le prouve la loi 30 au Code *De rei uxoriæ*. Dès lors, comme on le voit dans cette disposition légale, la dot mobilière est régie par les mêmes principes que la dot immobilière. Dans les pays de droit écrit l'inaliénabilité de la dot mobilière était généralement admise, tant de la part du mari que, conformément à la novelle 61, de la part de la femme.

En adoptant le régime dotal, sur les réclamations unanimes du midi de la France, le Code a consacré certainement l'état du droit établi dans ces pays. Si nos législateurs avaient entendu innover en ce point si important, n'en auraient-ils pas fait une mention spéciale? Mais cette mention n'a heureusement pas été faite. Si elle avait eu lieu, si la femme pouvait s'obliger avec l'autorisation de son mari, de manière à conférer aux créanciers un droit de poursuite sur ses meubles dotaux, de manière à abdiquer les garanties hypothécaires qui assurent la restitution de sa dot mobilière et les indemnités qu'elle pourrait réclamer à raison du dépérissement de ses immeubles dotaux, le régime dotal ne serait-il pas le pire de tous les régimes? Son but, qui est de donner à la famille un fonds de réserve, serait manqué, surtout à l'égard de la femme qui n'aurait point d'immeubles constitués en dot. Le régime dotal, interprété dans le sens de l'aliénabilité de la dot mobilière, serait désastreux pour la femme, en présence surtout de la perte des anciens droits de rétention, d'insistance et de privilége sur les meubles de son mari. Elle serait menacée de la perte de sa dot, tandis qu'elle n'aurait aucune chance de bénéfices. En obtenant, en apparence, le régime dotal, les pays du midi n'en auraient obtenu qu'un tronçon défiguré et les législateurs les auraient trompés dans leur espérance. Une pareille supposition est contraire à la raison et à l'équité. Il faut donc en conclure que le régime dotal n'a perdu que les garanties qui lui ont été expressément retirées. Comme l'a dit le tribun Siméon dans son discours prononcé au corps législatif : « L'inaliénabilité de la *dot* » a l'avantage d'empêcher qu'un mari dissipateur ne » consume le patrimoine maternel de ses enfants; qu'une » femme faible ne donne à des *emprunts* et à des *ventes* » un consentement que l'autorité maritale obtient pres- » que toujours, même des femmes qui ont un caractère » et un courage au-dessus du commun. » Ces remarquables paroles démontrent que le but du législateur a été de mettre le patrimoine maternel des enfants, c'est-à-dire la dot tant mobilière qu'immobilière, à l'abri des conséquences, funestes à la famille, que pourrait avoir l'autorité du mari sur sa femme.

§ 3. — Des pouvoirs du mari sur les créances dotales.

Le mari ne devient pas propriétaire des créances dotales. L'art. 1551 C. Nap., qui détermine les choses dotales qui passent dans le domaine du mari, n'est pas applicable aux obligations. Si le mari était propriétaire des créances et des rentes, c'est lui qui supporterait personnellement les conséquences de l'insolvabilité du débiteur; mais l'art. 1567 décide que si les obligations ont péri ou si les constitutions de rente ont souffert des retranchements qu'on ne puisse imputer à la négligence du mari, il n'en sera point tenu et qu'il en sera quitte en restituant les *contrats*. Cet article, en faisant retomber sur la femme les conséquences fâcheuses résultant de l'insolvabilité des débiteurs ou du retranchement des rentes, proclame énergiquement que celle-ci est restée propriétaire de ces droits.

Ainsi, par la constitution en dot des obligations et des

rentes, le mari n'en est pas devenu cessionnaire. Il a seulement reçu un mandat irrévocable et perpétuel, comme le mariage, d'agir à cet égard comme à l'égard de toutes les choses dotales en bon administrateur, dans l'intérêt de la famille dont il est le chef. Et ce n'est que dans le cas où il n'a pas exécuté en bon père de famille les obligations résultant de ce mandat qu'il est tenu de dommages-intérêts. Aussi quoique le mari soit tenu à l'égard des biens dotaux de toutes les obligations de l'usufruitier (art. 1562 C. Nap.), nous ne pensons pas qu'on doive l'assimiler à un usufruitier. Il n'est qu'un mandataire chargé de gérer la dot et d'en employer les fruits dans l'intérêt de la famille, et s'il a des pouvoirs très-larges qui le dispensent, sous certains rapports, de rendre compte, il les puise dans sa qualité de mari et de père et dans l'état de dépendance perpétuelle de sa femme à son égard.

En sa qualité d'administrateur le mari peut donc poursuivre les débiteurs de la dot, recevoir le remboursement des capitaux et le prix du rachat des rentes (1549 C. Nap.) ; mais il ne pourrait céder valablement ni les créances ni les rentes. Cette doctrine est enseignée par MM. Tessier, t. 1, p. 289, not. 499; Taulier, t. V, p. 278 et suiv.; Delvincourt, t. III, p. 110; Bellot, t. IV, p. 88 ; Grenier, *des Hyp.*, t. I, p. 34 ; Rolland de Villargues, Rép., v° *Régime dotal*, n° 101, etc. Comme le mari ne peut pas céder les créances dotales, il en résulte qu'il ne peut pas nover et que la compensation n'est pas possible, d'autant plus que la compensation ne peut exister que lorsque deux personnes sont respectivement créancières et débitrices l'une de l'autre.

Ce que nous avons dit relativement à la nullité des actes de la femme en ce qui concerne la dot mobilière corporelle (ci-dessus, § 2) s'applique entièrement aux créances dotales. En effet, les anciens auteurs (Henrys, t. II, p. 772 à 777; Boucheul, sur Poitou, art. 230, n° 52 à 54; Roussille, *de la Dot*, t. I, p. 436) constatent unanimement que la femme ne peut faire aucun acte qui puisse rendre pire la condition de sa dot même mobilière, sans distinguer si la dot mobilière consiste en choses corporelles ou en choses incorporelles.

§ 4. — Des pouvoirs du mari sur les immeubles dotaux.

Aux termes de l'art. 1549 C. Nap., le mari a l'administration des biens dotaux. Comme nous l'avonsdit, son droit d'administration prend son origine dans un contrat de mandat ayant pour but l'intérêt réciproque des époux. En sa qualité d'administrateur le mari a le droit de percevoir les fruits et les intérêts que, suivant l'intention des parties, il doit faire tourner à l'entretien et aux besoins de la famille, et de recevoir le remboursement des capitaux. Il a aussi, en la même qualité, le pouvoir de poursuivre les débiteurs et détenteurs. Ainsi donc, maître de toutes les actions de sa femme relativement à la dot, il exerce dans leur plénitude aussi bien les actions réelles que personnelles, pétitoires que possessoires. Il faudrait pourtant se garder de considérer le mari comme un propriétaire et d'invoquer les principes de l'ancien droit romain pour appuyer une telle opinion. En effet, conformément à la loi 30 du Code *De rei uxoriæ* et à la jurisprudence des pays de droit écrit, c'est la femme qui reste propriétaire. C'est d'ailleurs ce qu'exprime énergiquement le tribun Siméon : « Le mari, dit-il au corps législatif, en parlant de la dot, ne peut aliéner ce qui ne lui appartient pas. » C'est donc, nous le répétons, dans sa qualité de mandataire que le mari puise les pouvoirs qui lui sont conférés sur les biens dotaux. Ces pouvoirs sont d'autant plus forts qu'il exerce sur le mandant une puissance perpétuelle et irrévocable, s'étendant même sur les biens qui n'ont pas été constitués en dot. Gardien des intérêts de la famille dont il est le chef, le mari doit être considéré comme investi, relativement à l'administration des biens qui lui ont été confiés, d'une puissance absolue par celle qui a placé en lui toute sa confiance et qui s'est soumise à son autorité.

Malgré les termes généraux de l'art. 1549 C. Nap. qui semblent donner au mari toute espèce d'action relativement aux biens constitués en dot, il faut dire que, même lorsque tous les biens présents et à venir sont dotaux, il n'a, — Ni le droit d'accepter expressément ou tacitement une hérédité déférée à sa femme, car il est de principe que, conformément à la maxime du moyen âge, « n'est héritier qui ne veut ; » par conséquent cette maxime se trouverait violée si le mari pouvait, seul et contrairement à la volonté de sa femme, accepter l'hérédité ouverte en faveur de celle-ci. Toutefois, comme les règles du droit autorisent les créanciers à exercer les droits de leurs débiteurs et notamment à accepter une hérédité qui leur est dévolue, nous pensons que le mari pourra être autorisé par la justice à exercer le droit de sa femme ; car il a un intérêt à cette acceptation qui aura pour effet de faire tomber dans la famille la jouissance de tous les biens dont se compose la succession ; — Ni, après l'acceptation de la femme, de provoquer contre les cohéritiers un partage définitif des biens dont se compose la succession. En effet, l'art. 818 C. Nap. contient un principe général qui doit produire ses effets dans tous les cas où il n'apparaît pas d'une dérogation spéciale.

Ainsi que nous l'avons exprimé plus haut, le mari qui intente une action pétitoire d'un fonds, agit comme mandataire de la femme. S'il succombe, la femme peut-elle attaquer le jugement? Elle a été représentée, puisque son mari a figuré dans l'instance, par conséquent, nous pensons qu'elle n'a pas la voie de la tierce opposition (art. 474 C. pr.). Mais elle pourra agir par la voie de la requête civile si la sentence est le résultat du dol des parties (480, 1° C. proc. civ.). Cette action, aux termes des art. 488 et 484 *ibidem*, doit être intentée dans les trois mois courant du jour où le dol a été découvert, mais comme ce dol des parties n'est au fond qu'une aliénation de l'immeuble dotal, il semble que l'on pourrait dire que le délai ne courra contre la femme qu'à partir de la dissolution du mariage (art. 2255 C. Nap.).

Les immeubles dotaux sont inaliénables. Voilà une des plus grandes garanties que la loi accorde à la femme pour la restitution de sa dot. Pour établir l'inaliénabilité de la dot mobilière, nous nous sommes appuyé sur l'ensemble de la législation de Justinien et sur la jurisprudence constante des parlements du midi de la France. Le principe de l'inaliénabilité du fonds dotal a les mêmes appuis, et il est, en outre, consacré par les art. 1554 et 1560 C. Nap. La principale conséquence de cette disposition est que ce même immeuble ne peut pas être hypothéqué pendant le mariage (1554, C. Nap.).

Une grave question se présente. Aux termes de l'art.

1557 C. Nap. : « L'immeuble dotal peut être aliéné lorsque l'aliénation en a été permise par le contrat de mariage. » On demande si la convention, portée au contrat de mariage, qui permettrait la faculté d'hypothéquer, serait valable? Dans le sens de la négative, on dit qu'il faut rester dans le principe posé par l'art. 1554 toutes les fois que la loi n'a pas expressément permis d'y déroger; et l'on ajoute que l'art. 1557 n'ayant permis que l'aliénation de l'immeuble dotal, il en faut nécessairement conclure que la convention d'hypothèque ne produirait à l'égard de cet immeuble aucun effet. Ensuite on insiste sur la différence, fondée en raison, que la loi Julia a établie entre l'aliénation et l'hypothèque. — Malgré ces raisons, il semble que la faculté donnée au mari d'hypothéquer le fonds dotal doit produire ses effets, par le motif qu'elle n'est ni contraire aux bonnes mœurs ni à un texte de la loi; que les parties étaient, à l'époque de cette convention, entièrement libres et protégées par le concours de la famille au contrat de mariage. D'ailleurs, dans notre droit, les raisons de différence que la loi Julia établissait entre l'aliénation et l'hypothèque n'existent plus. En effet, comme nous l'avons dit, l'aliénation des fonds était solennelle, tandis que la constitution d'hypothèque résultait d'un simple pacte; chez nous, au contraire, l'aliénation résulte d'une simple convention, tandis que la constitution d'hypothèque exige des solennités qui sont des garanties contre l'abus d'influence et la légèreté du consentement. En outre, si le mari a reçu de sa femme un mandat assez étendu pour qu'il puisse aliéner le fonds dotal et l'hypothéquer, nous pensons aussi que cette convention doit produire tous ses effets, car la femme trouvera dans la solennité et dans la publicité de l'hypothèque des garanties plus grandes que dans l'aliénation, dont les effets demeurent, comme l'acte lui-même, secrets entre les parties.

Il s'est élevé encore cette question : la faculté d'aliéner emporte-t-elle virtuellement celle d'hypothéquer le fonds dotal ? La jurisprudence de la cour de cassation a décidé par six arrêts que la faculté d'aliéner n'emporte pas celle d'hypothéquer. Cette jurisprudence, partagée maintenant par la plupart des cours impériales, est admise par MM. Bellot, t. IV, p. 116; Duranton, t. XV, n° 479; Taulier, t. V, p. 296; Rodière et Pont, t. II, n° 502. Mais elle est repoussée par MM. Grenier, *Des hypothèques*, t. I, n° 33; Sériziat, n° 140; Tessier, t. I, note 597; Odier, n° 1268; Troplong, *Contrat de mariage*, n° 3394. La jurisprudence et les auteurs qui adoptent en ce point sa décision se fondent tous sur la différence que la loi Julia établissait entre l'aliénation et l'hypothèque du fonds dotal. Comme cette différence n'existe plus de nos jours, et qu'au contraire une différence inverse a été établie, nous pensons que la faculté d'aliéner présentant pour la femme plus de danger que celle d'hypothéquer, le pouvoir d'aliéner emporte virtuellement et *à fortiori* la faculté d'hypothéquer.

Au reste, nous pensons qu'il faut établir, en règle générale, que toutes les fois que l'immeuble dotal pourra être aliéné soit avec autorisation du mari pour l'établissement des enfants communs ou d'un précédent mariage, soit avec autorisation de justice, cet immeuble pourra également être hypothéqué avec la même autorisation. La jurisprudence et la plupart des auteurs consacrent notre opinion d'une manière presque unanime sur ces deux derniers points. Ils reconnaissent, surtout en cas d'intervention de la justice, que la femme trouvera des garanties suffisantes pour la mettre à l'abri d'un entraînement ruineux (Dalloz, *Contrat de mariage*, n° 3700). Cette décision n'est pas suffisamment justifiée, si elle n'est point fondée sur le principe que l'aliénation étant permise, l'hypothèque le sera également. En effet, après avoir déclaré que la faculté d'aliéner n'emporte pas celle d'hypothéquer, la logique demanderait que l'on décidât que le tribunal auquel la loi confère le droit, dans les cas de l'art. 1558 C. Nap., d'autoriser l'aliénation sans parler de l'hypothèque, n'a pas celui d'autoriser ce dernier acte. Ainsi, en prenant pour base de leur distinction entre l'aliénation et l'hypothèque, les raisons de la loi Julia, qui sont entièrement inapplicables à notre législation, la jurisprudence et les auteurs sont nécessairement conduits à des conséquences qui sont en opposition flagrante avec leur principe. Il faut donc, si l'on veut être conséquent, admettre, avec nous, que le droit d'aliéner emporte celui d'hypothéquer, ou que, sous le régime dotal, l'hypothèque du fonds constitué en dot ne sera jamais permise. Mais on recule devant ce dernier parti, qui, dans une foule de circonstances, serait contraire aux véritables intérêts de la famille. De là, il est nécessaire, dans l'intérêt bien entendu des époux, de placer l'hypothèque sur la même ligne que l'aliénation et de dire que la première pourra avoir lieu dans tous les cas où la seconde est permise.

§ 5. — Imprescriptibilité du fonds dotal.

L'art. 2254 Cod. Nap. porte que la prescription court contre la femme mariée, et l'art. 2255 du même Code apporte une restriction à ce principe, en disant que la prescription ne court point, pendant le mariage, à l'égard de l'aliénation d'un fonds constitué sous le régime dotal. Il suit de là que la dot mobilière se trouve régie par l'art. 2254, et soumise à la prescription. Les débiteurs de la dot et les détenteurs des meubles dotaux pourront donc invoquer la prescription contre la femme. Ainsi l'imprescriptibilité n'est pas une conséquence nécessaire de l'inaliénabilité.

Le principe que les immeubles dotaux qui n'ont pas été déclarés aliénables par le contrat de mariage sont imprescriptibles tant que dure l'union conjugale, souffre deux remarquables exceptions. La première a lieu à l'égard de l'immeuble dont la prescription a commencé à courir au profit d'un tiers, avant le mariage (art. 1561 Cod. Nap.). Ce point, qui était controversé entre les anciens auteurs, a été admis, contrairement à l'opinion de M. Tronchet, qui voulait l'imprescriptibilité d'une manière absolue, sur les observations de M. Treilhard, qui faisait remarquer que la suspension de la prescription pendant le mariage aurait des effets extraordinaires, surtout lorsque ce mariage serait d'une longue durée. Cette exception est d'ailleurs conforme à la loi 16, au Digeste, *de Fundo dotali* : « Licet lex Julia, quæ vetat » fundum dotalem alienari, pertineat etiam ad hujus- » modi acquisitionem; non tamen interpellat eam pos- » sessionem quæ per longum tempus fit, si, antequam » constitueretur dotalis fundus, jam cœperat. » D'après cette même loi, le mari est responsable de la prescription acquise s'il y a quelque négligence à lui reprocher; mais s'il ne reste que très-peu de jours pour le complément de la prescription, il y a présomption que le mari n'est pas en faute. Cette disposition équitable serait observée dans notre droit.

La seconde exception, qui se trouve également exprimée dans l'art. 1561, a lieu lorsque le tribunal a prononcé la séparation de biens. Dans ce cas, on suppose qu'un tiers est entré en possession de l'immeuble dotal pendant le mariage. Jusqu'au moment de la séparation de biens, le temps de la possession ne comptait pas pour la prescription; mais à partir de la séparation de biens, la prescription commence à courir.

On demande, à cet égard, par quel délai le tiers pourra prescrire. Il est nécessaire d'établir quelques distinctions: — 1° Si la femme a figuré dans le contrat d'aliénation, sans l'autorisation de son mari, elle a une action en nullité fondée sur deux causes: d'abord sur le caractère du fonds dotal, et en outre sur son incapacité, établie par l'art. 217 Cod. Nap., et ces deux causes de nullité tombent sous l'application de l'art. 1304 Cod. Nap. La femme a donc une action en nullité qui dure dix ans, à partir de la dissolution du mariage. — 2° Si, au contraire, le mari a vendu seul le fonds dotal, il a disposé de la chose d'autrui, en dehors de ses pouvoirs; par conséquent la vente n'est pas seulement infectée d'un vice de capacité, mais d'un défaut absolu de capacité: d'où il résulte qu'elle est radicalement nulle (art. 1599 Cod. Nap.), et que la femme aura trente ans pour agir, à moins que l'acheteur ne soit de bonne foi; mais dans les deux cas, la prescription ne courra pas pendant le mariage, lors même que la séparation de biens serait intervenue; car l'action que la femme intenterait contre le tiers réfléchirait contre son mari, à la puissance duquel ne la soustrait pas la séparation de biens. On tombe donc ici sous l'application de l'art. 2256 Cod. Nap. — 3° Lorsque le mari et la femme vendent conjointement le fonds dotal, ou lorsque la femme figure seule dans l'acte de vente avec l'autorisation de son mari, il faudrait dire que la prescription ne court pas pendant le mariage, lors même que l'art. 2256 Cod. Nap. serait ici inapplicable. En effet, malgré l'autorisation du mari, la femme a une action en nullité résultant de l'inaliénabilité de l'immeuble; or, aux termes de l'art. 1304, le délai de l'action en nullité ne court pas pendant le mariage : donc la prescription du fonds dotal ne commencera à courir qu'à partir de la dissolution de l'union conjugale. On objecte, il est vrai, que, lors de la rédaction de l'art. 1304, on pensait exclure le régime dotal, et que cet article est inapplicable à ce régime; mais nous remarquerons qu'en admettant le régime dotal et en frappant de nullité la vente du fonds dotal consentie par la femme autorisée, le législateur a voulu, en n'établissant aucune dérogation au principe, placer cette action en nullité sous l'égide de l'art. 1304. — 4° Lorsqu'un tiers s'empare de l'immeuble dotal, la prescription courra contre la femme à partir de la séparation de biens; mais cette prescription sera de dix et vingt ans, ou de trente ans, selon que le tiers se trouve ou non dans les conditions exposées par l'art. 2265.

Au reste, comme la séparation de biens est introduite uniquement pour conserver plus efficacement la dot et la mettre à l'abri de la mauvaise administration du mari, et que la femme ne prend elle-même l'administration de ses biens dotaux qu'en subissant toutes les restrictions imposées au mari quant à la dot, il s'ensuit que les diverses hypothèses que nous venons d'examiner recevront la même solution après la séparation de biens.

§ 6. — **De l'hypothèque légale sur les biens du mari.**

La femme a une hypothèque légale et tacite sur les biens de son mari pour tous les droits et créances qu'elle peut avoir à exercer contre lui (2117, 2121, 2135 C. Nap.). Par une faveur toute spéciale, cette hypothèque est dispensée d'inscription (art. 2135 C. Nap.).

Malgré la sollicitude que, sous le régime dotal, le législateur manifeste pour la conservation de la dot, il faut appliquer ici les dispositions générales des art. 2140, 2161 et suivants et 2135 C. Nap.

Ainsi, lorsque les parties sont majeures, elles peuvent convenir par contrat de mariage que l'hypothèque ne frappera que sur certains immeubles du mari, sans pouvoir convenir, cependant, que les immeubles du mari seront libres de toute hypothèque à raison de la dot de la femme et de ses reprises (art. 2140 C. Nap.). Sur l'expression *parties majeures*, on s'est demandé si les parties mineures habiles à contracter mariage, et assistées au contrat des personnes dont le consentement est nécessaire pour la validité du mariage (art. 1398 C. Nap.), pourraient valablement consentir la restriction de l'hypothèque légale. Nous pensons qu'il faut ici s'en tenir aux termes de la loi. Dans la pensée du législateur, clairement manifestée par la deuxième disposition de l'art. 2140, la restriction de l'hypothèque renferme des dangers que les parties mineures ne pourraient pas suffisamment prévoir, et l'assistance des personnes dont le concours est nécessaire ne peut, dans cette matière toute spéciale, faire disparaître cette incapacité, qui a pour but d'assurer la conservation, dans l'intérêt de la famille, des biens dont la femme a voulu la restitution. Le consentement à la restriction de l'hypothèque ne peut donc avoir lieu que lorsque les parties paraissent au législateur suffisamment éclairées sur leurs intérêts. La femme doit donc être majeure pour pouvoir apprécier sainement si son mari offre de véritables garanties d'un bon administrateur, et le mari, à son tour, doit être majeur pour qu'il ait pu donner des gages de sa bonne administration.

Lorsque l'hypothèque n'aura point été restreinte par contrat de mariage, soit par suite de la volonté ou de l'incapacité des parties, elle pourra, même sous le régime dotal, être restreinte du consentement de la femme et après avis de quatre de ses plus proches parents (art. 2144 C. Nap.). A cet effet, le mari s'adressera au tribunal, qui ne statuera qu'après avoir entendu le procureur impérial, qui jouera le rôle de contradicteur. Le principe que la femme dotale ne peut pas, pendant le mariage, rendre pire la condition de sa dot, a dû fléchir ici par la raison, d'une part, que la femme obtient de la présence de ses plus proches parents et de l'intervention de la justice toute garantie contre l'influence maritale, et que, d'autre part, il est équitable que le crédit du mari, chef de la famille, dans l'intérêt de laquelle il est présumé vouloir agir, ne soit pas anéanti.

On admet aussi que l'hypothèque légale de la femme peut être restreinte sans le consentement de celle-ci et avec intervention de la justice, lorsqu'elle est excessive. Mais ici il faudra que l'un ou plusieurs domaines sur lesquels frappera exclusivement l'hypothèque, excèdent de plus d'un tiers le montant des droits de la femme (art. 2161 et 2162 C. Nap.).

La femme dotale peut-elle renoncer, au profit des

tiers, à son hypothèque légale sur les immeubles de son mari, qui l'a autorisée à cet effet? Nous pensons que cette renonciation serait nulle ; c'est d'ailleurs ce qui a été jugé par de nombreux arrêts, soit que l'union conjugale reste complète (voir MM. Dalloz, *Jurisprudence générale*, v° *Contrat de mariage*, n° 3455), soit que la séparation de biens ait été prononcée entre les époux (voir *eodem*, n°s 3506 et suiv.). L'incapacité de la femme dans la faculté de renoncer à son hypothèque au profit des tiers, ou de les subroger, découle du principe, généralement reconnu dans les pays de droit écrit, que la dot mobilière est inaliénable, et par conséquent que la femme ne peut rien faire qui diminue les sûretés destinées à en garantir la restitution (Bordeaux, Dauphiné, Auvergne). Plusieurs auteurs, qui n'admettent pas l'inaliénabilité de la dot mobilière, reconnaissent cependant que la femme ne peut, au préjudice de sa dot, renoncer, pendant le mariage, à son hypothèque légale. Tel est notamment M. Troplong, *Contrat de mariage*, n° 3265, qui s'exprime ainsi : « Pourquoi cette concession? C'est que l'hypo-
» thèque légale de la femme est un droit immobilier
» qui, d'après l'art. 1554, est inaliénable..... l'hypo-
» thèque est un *jus in re*, un démembrement de la pro-
» priété; c'est un immeuble : les immeubles dotaux sont
» inaliénables. » Tout en admettant cette concession à notre principe, sans lequel le régime dotal aurait perdu toutes ses anciennes garanties, remarquons que M. Troplong, contrairement à la doctrine et à la jurisprudence, considère, à tort selon nous, l'hypothèque, destinée à garantir l'exécution d'une obligation dont elle est l'accessoire, comme étant un droit immobilier, un démembrement de la propriété. En effet, les divers immeubles

et les divers démembrements de la propriété nous semblent énoncés limitativement par le législateur; or nulle part on ne range l'hypothèque parmi les démembrements de la propriété. L'hypothèque n'est donc pas un démembrement, mais confère aux tiers créanciers, sur tout l'immeuble, un droit de gage plus spécial et plus ferme que celui qui résulte de l'art. 2093 en faveur de tout créancier. C'est un droit accessoire, et, en cette qualité, il participe de la nature du principal. Or, comme le droit garanti est ordinairement mobilier, le droit d'hypothèque est aussi ordinairement mobilier.

La date de l'hypothèque légale de la femme varie suivant les causes, aux termes de l'art. 2135 C. Nap. Les mineurs et les interdits ont sur les biens de leur tuteur, et pour tous les actes de sa gestion, une hypothèque qui date du jour de la tutelle acceptée. Dans l'ancien droit la femme avait aussi pour toute espèce de cause une hypothèque datant du jour du contrat de mariage, ou du jour de la célébration lorsqu'il n'y avait pas de contrat. Mais la loi de brumaire an VII, qui voulait la publicité de toute hypothèque, fixait par la date de l'inscription le rang de l'hypothèque de la femme; or comme cette inscription était souvent négligée, les droits de la femme étaient conséquemment compromis.

Le Code prenant en considération l'intérêt de la femme, l'intérêt des tiers et le crédit du mari, a décidé que l'hypothèque légale de la femme frapperait sur les biens de son mari, indépendamment de toute inscription, mais que sa date varierait suivant les causes qu'elle aurait pour objet de garantir. Elle date : — 1° Du jour du mariage, à raison de la dot et des conventions matrimoniales; les art. 2194 et 2195 semblent lui assigner, conformément à l'ancien droit, la date du contrat de mariage. Mais nous pensons, contrairement à quelques auteurs (Tarrible, *Rép.*, v° *Inscription hyp.*, § 3, n° 8; M. Troplong, *Priv. et hyp.*, tom. II, nos 579 et suiv.), qu'elle ne peut préexister à la célébration du mariage qui en est la cause, d'autant plus que les tiers n'auraient aucun moyen de connaître l'existence de l'hypothèque jusqu'au mariage. La règle en cette matière doit être puisée dans la sect. IV, chap. III, du tit. XVIII, qui a pour objet spécial de fixer le rang que les hypothèques ont entre elles, et notamment, en ce qui nous concerne, dans l'art. 2135-2°; — 2° Du jour de l'ouverture des successions ou de l'acceptation des donations, pour les sommes dotales qui en proviennent; — 3° Enfin, du jour du contrat, à raison de l'indemnité pour laquelle la femme a recours contre son mari (art. 2135-2° C. Nap.). On comprend que la femme mariée ne soit pas placée en tout point sous une protection aussi étendue que les mineurs et les interdits. En effet, ses intérêts se confondent davantage avec ceux de son protecteur, et malgré l'incapacité relative dont elle est frappée, elle intervient elle-même dans les actes qui la concernent, et peut en conséquence veiller à ses propres intérêts. Au reste, comme l'hypothèque confère aux créanciers un droit réel et indivisible sur chacun et sur chaque portion des immeubles affectés de ce droit, la femme pourra se faire payer entièrement des créances les plus anciennes sur les immeubles grevés d'hypothèque au profit des tiers qui auraient obtenu leur droit de préférence dans l'intervalle du contrat de mariage aux nouvelles causes d'indemnité de la femme; de sorte que ces nouvelles causes obtiendront souvent un rang utile lorsque des créanciers antérieurs verront leur garantie s'évanouir.

§ 7. — De la purge de l'hypothèque légale de la femme.

De même que les hypothèques conventionnelles, les hypothèques légales peuvent être purgées. Les art. 2193 et 2194 C. Nap. exposent les règles à suivre pour opérer cette purge. Si après l'observation des formalités et l'expiration des délais aucune inscription ne se révèle, les immeubles deviennent libres de toute hypothèque, sans distinguer s'il s'agit de celle d'une femme mariée sous le régime dotal ou sous le régime de la communauté. Les termes absolus de l'art. 2195 C. Nap., et la sécurité des tiers que le législateur, dans un intérêt public, a voulu spécialement dans cette matière garantir des évictions, ne permettent d'élever aucun doute à cet égard.

Mais si, au contraire, l'inscription de la femme dotale se révèle en temps utile, l'acquéreur purgera l'immeuble en payant son prix aux créanciers hypothécaires antérieurs à la femme s'ils l'absorbent entièrement; mais l'immeuble ne peut devenir libre, entre ses mains, de l'hypothèque de la femme dotale venant en ordre utile, sans faire ordonner par les tribunaux l'emploi qui doit être fait de la somme pour laquelle la femme a été colloquée. Au reste, le tribunal devra pourvoir à ce que les fonds soient conservés à la femme, jusqu'à l'instant où elle pourra les recevoir et en donner valablement quittance, ou ordonner un emploi qui mette sa créance en sûreté (art. 2191 C. Nap.; Cour de cass. 24 juillet 1821; Troplong, tome II, n°s 612 à 626).

L'art. 2195 Cod. Nap., surtout dans sa dernière partie, semble ne régler que le cas où les droits de la femme sont déterminés, ce qui ne peut avoir lieu qu'après la dissolution du mariage. Que déciderons-nous si le tiers acquéreur veut purger pendant le mariage alors que la femme ne peut ni surenchérir ni produire à l'ordre sans l'autorisation de son mari, alors surtout que ses droits sont incertains? La purge sera-t-elle possible? Il nous semble que le législateur a voulu ici faire fléchir l'intérêt privé devant l'intérêt public; c'est ce qui résulte de l'art. 2193 Cod. Nap. L'intervention de la justice qui réglera la destination des fonds et qui mettra l'acquéreur dans l'impossibilité de faire aucun payement au préjudice des inscriptions légales, sera une garantie suffisante contre les collusions du mari avec les tiers.

Nous ferons observer, au reste, que la transcription de l'acte d'aliénation, qui a pour effet de mettre les créanciers ayant hypothèque en demeure de prendre inscription dans la quinzaine (art. 834 Cod. proc. civ.), et d'assigner dans les dix ou vingt ans (art. 2180 Cod. Nap.) en reconnaissance d'hypothèque, sous peine de déchéance de leur droit, ne produit aucun effet à l'égard de la femme tant que dure le mariage; car aux termes de l'art. 2256 Cod. Nap., la prescription ne peut pas courir contre la femme lorsque son action réfléchirait contre son mari, ce qui aurait lieu dans le cas où la femme agirait hypothécairement contre le tiers détenteur.

§ 8. — De la séparation de biens.

Sous le régime dotal comme sous les autres régimes, la dot peut être mise en péril; c'est pourquoi la femme dotale peut aussi poursuivre la séparation de biens (art. 1563 Cod. Nap.).

Comme nous l'avons dit, la dot constitue, sous le régime dotal, un patrimoine spécial de la famille, aux besoins de laquelle les fruits sont destinés : c'est pour cette raison que les époux n'ont sur cette dot que des pouvoirs restreints. Lorsque la séparation de biens est prononcée, ce patrimoine ne perd ni sa nature ni sa destination; l'administration seule qu'avait le mari, et dont il a abusé, passe à la femme. Cette séparation a donc pour but de garantir et non d'affaiblir les droits de la femme et de la famille.

Quoique la prescription du fonds dotal coure, dans certains cas, à partir de la séparation de biens (art. 1561 Cod. Nap.), il n'en faudrait pas conclure que ce fonds soit aliénable. Une opinion contraire avait d'abord prévalu (MM. Delvincourt, t. III, p. 114; Toullier annoté par M. Duvergier, t. VII, p. 170 et suiv. ; Nîmes, 23 avril 1813) ; mais la doctrine et la jurisprudence en se fondant, d'une part, sur la loi 29, au Code, *De jure dotium*, et sur l'ancienne jurisprudence, et, d'autre part, sur les discussions au conseil d'État et sur l'art. 1554 Cod. Nap. portant que l'immeuble dotal ne peut être aliéné pendant le mariage, ont bientôt admis que le fonds dotal reste inaliénable malgré la séparation de biens.

La séparation de biens n'a également aucune influence sur l'inaliénabilité de la dot mobilière : de là la femme dotale ne pourra, — Ni aliéner ses créances dotales (Nîmes, 21 juin 1821) ; — Ni consentir la mainlevée d'inscriptions garantissant le payement de sa dot mobilière (Cour cass., 19 novembre 1833) ; — Ni contracter des obligations conférant aux créanciers le droit de saisir les revenus nécessaires à la famille (Cour cass., 26 février 1834,

6 juin 1840), lors même que la femme aurait été autorisée de son mari.

Toutefois, lorsque la femme séparée de biens a contracté dans les limites de la libre administration, ou hors de ces limites avec l'autorisation du mari, des obligations valables, les créanciers qui ont ainsi acquis le droit de se faire payer sur les biens paraphernaux de la femme peuvent aussi se faire payer sur le superflu des revenus dotaux; car cet excédant tombe dans le patrimoine paraphernal de la femme, de même qu'avant la séparation il serait tombé dans le patrimoine du mari. — Maintenant supposons que la femme ait constitué en dot tous ses biens présents et à venir, l'excédant des revenus semble dotal, et il paraîtrait que, dans ce cas, les créanciers n'ont pour gage aucun des biens de la femme ; mais ce résultat serait à la fois inique et désastreux à la femme : *inique*, puisque la femme trouverait dans la séparation de biens un moyen de s'enrichir aux dépens d'autrui, ce qui est contraire aux vues du législateur qui a pourvu seulement à la conservation de la dot; *désastreux*, car la femme qui ne pourrait offrir aux tiers aucune garantie, n'obtiendrait point le crédit nécessaire à une bonne administration. D'ailleurs cet excédant qui eût été disponible entre les mains du mari, doit conserver entre les mains de la femme le même caractère.

§ 9. — Des garanties conventionnelles; caution, emploi, remploi.

I. — *Caution.* — Dans l'ancien droit romain, la femme qui voulait s'unir par les liens du mariage pouvait stipuler pour la restitution de sa dot les mêmes garanties que tout autre créancier ; elle pouvait donc ne former son union que si plusieurs personnes solvables intercédaient en promettant la restitution des choses dotales. Cette demande de cautions était souvent un obstacle insurmontable à la conclusion du mariage. En effet, la dot était souvent considérable, les inquiétudes de l'intercesseur pouvaient se prolonger pendant une très-longue durée de temps. On conçoit par là que le mari ne pouvait que très-difficilement trouver des cautions qui eussent en lui une confiance que n'a point son épouse elle-même. Justinien prohibe les cautions par rapport aux dots; il donne cette raison de sa disposition : « Si enim credendam mulier » sese suamque dotem patri mariti existimavit, quare fide- » jussor vel alius intercessor exigitur ut causa perfidiæ in » connubio eorum generetur? » (Cod., lib. V, tit. XX, L. 2.) Mais on sait que Justinien, qui diminue ainsi le nombre des garanties possibles de la restitution de la dot, les augmente considérablement sous un autre rapport, en accordant à la femme sur les biens de son mari une hypothèque privilégiée. Le législateur français, qui dans l'art. 1572 C. Nap., supprime le privilége de la femme pour la répétition de la dot, supprime également dans son art. 1550 la prohibition d'exiger une caution du mari. Celui-ci, en l'absence de toute convention, n'est pas tenu de fournir caution pour la restitution de la dot, mais rien n'empêche qu'il y soit assujetti par une clause du contrat de mariage.

II. — *Emploi.* — Lorsque le mari acquiert des immeubles avec les deniers dotaux, ces immeubles lui deviennent propres : car, il ne peut pas par sa volonté changer la nature du droit de la femme, et celle-ci ne pourrait pas valablement consentir à ce changement; l'esprit de l'art. 1543 C. Nap. ne permet pas, entre époux, des conventions qui tendent à modifier les règles incommutables du contrat de mariage.

Mais dans le contrat les futurs peuvent convenir que le mari sera tenu d'employer les deniers constitués en dot à l'acquisition d'immeubles qui seront dotaux. Cette convention s'exécutera comme toutes celles qui ne sont contraires ni aux lois ni aux bonnes mœurs. L'immeuble acquis en vertu de cette clause est subrogé à la créance de la femme. Toutefois, l'immeuble acquis avec les deniers dotaux ne deviendra la propriété de la femme que s'il y a la réunion des deux conditions suivantes : — 1° Il faut que lors de l'acquisition le mari déclare dans l'acte qu'elle est faite des deniers dotaux, et pour tenir lieu à la femme d'emploi (art. 1434 C. Nap.) ; — 2° Il faut que cet emploi soit formellement accepté par la femme. Si elle ne l'a pas accepté, elle reste créancière de son mari (art. 1435 C. Nap.). Quoique les articles que nous venons de citer se trouvent placés au régime de la communauté, ils doivent être appliqués sous le régime dotal ; car la femme doit pouvoir repousser un mauvais emploi, et le mari n'a point le droit de la rendre propriétaire malgré elle. Telle était généralement l'ancienne jurisprudence. Sous le régime de la communauté, la femme qui n'a pas accepté l'emploi avant la dissolution de la communauté n'est pas propriétaire de l'immeuble acquis par le mari avec la déclaration d'emploi ; elle a simplement son droit de créance (art. 1435 C. Nap.). Doit-il en être de même sous le régime dotal ? Lorsque le mariage est dissous, l'immeuble dont la femme n'a pas accepté l'emploi est irrévocablement la propriété du mari ; il doit en être de même en cas de séparation de biens ou de corps. Mais le mari pourrait-il retirer l'offre qu'il a faite dans l'acte d'acquisition à son épouse? Il semble qu'il pourra la mettre en demeure de prendre un parti, faute de quoi l'immeuble restera sa propriété; car il n'est pas équitable de faire supporter au mari, contrairement à sa volonté et à ses prévisions, les chances de détérioration et de perte, tandis que la femme, en conservant l'option entre sa créance et l'immeuble aurait les chances d'augmentation de valeur sans chance de perte.

Lorsque le mari contre lequel la séparation de biens a été prononcée restitue à la femme les deniers dotaux dont il n'a pas encore fait l'emploi prescrit par le contrat, la femme pourra, avec l'autorisation de son mari ou de justice, faire elle-même l'emploi en acquérant un immeuble et en le déclarant dans l'acte. Si cette déclaration n'était pas faite, l'immeuble acquis ne serait pas dotal, mais paraphernal (art. 1553 C. Nap.).

Aux termes de l'art. 1595 C. Nap., l'un des époux peut céder à l'autre, séparé judiciairement d'avec lui, des biens en payement de ses droits. De là le mari qui n'a pas les deniers dotaux dont il devait faire emploi peut abandonner en payement un de ses immeubles; dans ce cas aussi l'immeuble ne sera dotal que lorsque les parties l'auront exprimé dans l'acte de vente ou dation en payement.

Lorsque la femme a constitué en dot une créance avec la clause d'emploi des deniers payés, le débiteur est mis à couvert de toute responsabilité en payant au mari, alors même que celui-ci ne ferait pas emploi du prix payé. En effet, la clause d'emploi ne concerne que les époux entre eux; pour produire de l'effet à l'égard des tiers, il faudrait qu'ils fussent intervenus dans le contrat.

III. — *Remploi.* — L'immeuble dotal peut être, d'après le contrat de mariage, déclaré aliénable à charge de remploi; dans ce cas, le tiers acquéreur de cet immeuble doit surveiller le remploi qui doit être fait par le mari; car si les sommes qu'il a payées n'ont pas reçu la destination déterminée au contrat de mariage, il est garant à l'égard de la femme. Cette décision, qui semble en opposition avec celle que nous avons prise plus haut relativement à l'emploi, est basée sur des considérations toutes particulières. En acquérant l'immeuble dotal, le tiers a nécessairement connu, non-seulement que cet immeuble est aliénable, mais encore qu'il ne l'est qu'avec la condition de remploi; il n'est donc devenu propriétaire que sous cette condition d'un utile remploi. En cas d'inexécution de cette condition, la femme pourra poursuivre le tiers, soit par une action en payement du prix, soit par une action en résolution de la vente (arg. de l'art. 1184 C. Nap.)

§ 10. — De la loi des 10-18 juillet 1850.

La loi des 10-18 juillet 1850 a prescrit la publicité des contrats de mariage. Cette loi a eu pour objet de faire connaître aux tiers si les époux ont ou non réglé par un contrat leur association quant aux biens, afin de les préserver des conséquences fâcheuses d'une fausse déclaration des femmes qui prétendent s'être mariées sans contrat, tandis qu'elles sont mariées sous le régime qui les met dans l'incapacité absolue de rendre pire la condition de leur dot.

D'après cette loi, l'officier de l'état civil doit, sous peine d'amende, interpeller les futurs s'il a été fait un contrat, et dans le cas de réponse affirmative, quel est le nom et la résidence du notaire qui l'a reçu, et à quelle date. La réponse à cette interpellation est insérée dans l'acte de célébration du mariage. Lorsque les époux mariés sous le régime dotal ont, néanmoins, déclaré n'avoir fait rédiger aucun contrat, la femme pourra, à l'égard des tiers, former des engagements aussi valables que si elle était mariée sous le régime de la communauté, à moins cependant que dans l'acte elle n'ait déclaré qu'elle est mariée sous le régime dotal. Au reste, si l'officier de l'état civil n'a fait, relativement au contrat des époux, aucune interpellation, ni, conséquemment, aucune mention, dans l'acte de célébration, de leur réponse, comme on ne peut imputer aucune fraude aux conjoints, ils restent sous l'empire de l'ancien droit.

DEUXIÈME PARTIE.

DES GARANTIES DE LA RESTITUTION DE LA DOT SOUS LE RÉGIME DE LA COMMUNAUTÉ.

SECTION I.

DE L'ORIGINE DE LA COMMUNAUTÉ.

L'origine de la communauté est très-incertaine.

Quelques auteurs pensent qu'elle nous vient du droit romain ; dans le sens de cette opinion, on a invoqué la définition du mariage par Modestin : « Nuptiæ sunt con- » junctio maris et feminæ, consortium omnis vitæ, divini » et humani juris communicatio » (L. I, Dig., *De ritu nuptiarum*) ; ainsi que la loi 16 au Dig., § 3, *De alimentis vel cibariis legatis* (M. Giraud, *Essai sur l'histoire du droit francais*, t. 1, p. 56).

Ces textes ne nous paraissent pas contenir le germe de la communauté coutumière. En effet, la définition de Modestin se réfère à une sorte de mariage qui avait pour effet de faire passer la femme sous la puissance presque absolue du mari, et de l'assimiler à une fille. Sa dépendance était si énergique qu'elle ne pouvait plus rien avoir en propre. Sous ce point de vue, on comprend que la femme des anciens temps de Rome différait d'une manière bien remarquable de celle des pays coutumiers.

Quant à la loi 16, elle ne présente que l'un des exemples des sociétés universelles de biens, *societas totorum bonorum*, que chez les Romains la femme mariée avait le droit, comme tout citoyen, de former avec qui bon lui semble; et cette société, dans laquelle elle pouvait faire tomber ses paraphernaux, naissait et se dissolvait à son gré pendant le mariage.

D'autres auteurs attribuent l'origine de la communauté au régime matrimonial usité dans les Gaules; ils citent à l'appui de leur opinion un passage remarquable des Commentaires de César sur la guerre des Gaules (Voir lib. VI, § 15, *De bello gallico*), dans lequel on voit que le mari et la femme forment un fonds commun, composé de mises égales; que les fruits en sont mis en réserve, et que le survivant garde tout le fonds commun et les fruits qu'il a produits. Ce simple exposé démontre qu'il y a une grande différence entre la communauté française et celle qui existait chez les Gaulois.

Enfin une opinion très-accréditée consiste à attribuer l'origine de la communauté aux coutumes de Germanie, où, comme le dit Tacite, la femme était l'associée du mari, *laborum periculorumque socia*.— Pour nous, nous pensons que si la communauté conjugale trouve son origine dans les coutumes germaines, elle puise sa force et les causes de son développement, ainsi que toutes les autres communautés que l'on voit se multiplier dans les premiers temps de la féodalité, dans les principes du christianisme, qui, en proclamant l'égalité, ont dû contribuer puissamment à élever la femme et à l'associer à la bonne et à la mauvaise fortune de son mari, avec lequel elle est confondue si fortement qu'ils font tous deux perpétuellement une seule chair. Les principales communautés que l'on voit surgir alors, au point de vue des intérêts domestiques, sont, outre celle qui résulte du mariage : 1° les communautés des ménages rustiques entre serfs et gens de mainmorte; 2° entre frères majeurs de vingt ans qui demeuraient en ménage commun pendant l'an et jour; 3° enfin entre le survivant des époux et ses enfants.

Toutes ces communautés se formaient *taisiblement* entre époux comme entre toutes autres personnes par la vie en commun pendant l'an et jour. Ce n'est que dans quelques coutumes que l'on voit naître la communauté entre époux au moment de la célébration du mariage.

SECTION II.

DE L'INCAPACITÉ DE LA FEMME ET DES POUVOIRS DU MARI. — CONSÉQUENCES.

Le droit français coutumier a toujours placé la femme mariée sous la dépendance de son mari, et par suite de cette dépendance, elle est frappée d'incapacité légale. De même que la femme des premiers temps de Rome, la femme germaine était dans une tutelle perpétuelle appelée *mundium;* fille, elle était sous la tutelle de son père, ou, à son défaut, sous la tutelle de son frère ou autre parent paternel; par le mariage, elle passait sous la tutelle du mari. Dans ces temps primitifs et dans le moyen âge, l'incapacité de la femme était absolue et d'ordre public; c'est ce qu'exprime Pothier dans son *Traité des obligations*, n° 52, où il établit une différence remarquable entre l'incapacité des interdits et des mineurs qui peuvent obliger les autres envers eux, quoiqu'ils ne puissent s'obliger envers les autres, et celle des femmes mariées, qui ne peuvent pas plus obliger les autres envers elles en contractant que s'obliger elles-mêmes.

Le Code a modifié, à cet égard, les anciens principes : il a placé la femme mariée dans une incapacité seulement relative et semblable à celle des mineurs et des interdits. En effet, aux termes de l'art. 225 C. Nap., la nullité de l'acte passé par la femme sans l'autorisation de son mari ne peut être opposée que par elle-même, par son mari ou par leurs héritiers; et aux termes de l'art. 1304 C. Nap., cette cause de nullité doit être invoquée dans les dix ans à partir de la dissolution du mariage.

La puissance que, par le mariage, le mari acquiert sur sa femme, s'étend, dans le régime de la communauté, sur tous ses biens. Cette puissance est absolue sur les biens meubles, mais elle est restreinte sur les immeubles, dont la femme conserve la nue propriété.

Dans les coutumes, la femme n'était pas, à vrai dire, commune pendant le mariage : malgré l'adage coutumier, « homme et femme sont uns et communs en tous biens meubles et conquêts immeubles, » le mari était réputé seul seigneur et maître absolu des biens de la communauté, et la femme n'était considérée que comme ayant un droit informe et se réduisant au droit de partager un jour les biens qui composeront la communauté lors de sa dissolution (Pothier, *Traité de la communauté*, n° 3). C'est pourquoi Dumoulin disait que la communauté existait plutôt *in habitu quam in actu*, et que la femme, tant que durait le mariage, n'était pas proprement associée, mais avait l'espoir de l'être, *non est proprie socia, sed tantum speratur fore* (sur l'art. 109 coutume de Paris).

La puissance du mari s'est affaiblie d'une manière insensible ; à mesure que cet affaiblissement s'est opéré, la femme est devenue, principalement sous le Code Napoléon, une véritable associée, qui, à cause de son état de dépendance, a un droit particulier, celui de renoncer à la communauté. Dans l'origine, elle n'avait pas ce droit. Le mari pouvait donc grever la communauté de dettes suffisantes pour absorber les propres de sa femme, sans que celle-ci pût se décharger, par la renonciation, de l'obligation d'en acquitter sa part. Le droit de renoncer à la communauté fut d'abord un privilége accordé à la femme noble. Le *Grand coutumier* dit que ce privilége a pris son origine au temps des croisades, et qu'il fut accordé aux veuves des gentilshommes qui, pour leurs voyages d'outre-mer, contractaient souvent des dettes considérables (*Grand coutumier*, liv. I, fol. 83 ; Pothier, *Traité de la communauté*, n° 549). Comme cette renonciation était une grave dérogation aux anciens principes, la femme noble qui voulait en user devait se mettre à l'abri de tout soupçon de soustraction des choses communes. Elle quittait la maison conjugale en même temps que le corps de son mari, et faisait sa renonciation solennelle : « et ont d'usaige, si comme le » corps est en terre, de jeter leur bourse sur la fosse et » de ne retourner à l'hostel où les meubles sont ; mais » vont gésir autre part et ne doivent emporter que leur » commun habit » (*Grand coutumier*, liv. I, fol. 83). Ce privilége accordé à la femme noble a disparu, et le droit de renonciation a été étendu à toutes les femmes, et même à leurs héritiers. L'art. 237 de la nouvelle coutume de Paris en a une disposition expresse : « Il est loi-

» sible à toute femme, noble ou non noble, de renoncer, » si bon lui semble, après le trépas de son mari, à la » communauté de biens d'entre elle et sondit mari, la » chose étant entière. »

Le délai de la renonciation a varié dans les diverses coutumes : quelques-unes exigeaient qu'elle se fît encore lors des obsèques du mari ; d'autres accordaient un délai qui variait de huit jours à trois mois ; enfin plusieurs coutumes, et notamment celle de Paris, n'ont limité le droit de renoncer à aucun temps, pourvu que *la chose soit encore entière.* Une ordonnance de 1667 accorde à la veuve un délai de trois mois pour faire inventaire, et de quarante jours pour délibérer.

Le droit pour la femme ou pour ses héritiers d'accepter la communauté ou d'y renoncer a été consacré par l'art. 1453 C. Nap., et les art. 1456 et 1457 *idem*, et 174 C. proc. civ. confirment les délais accordés par l'ordonnance de 1667.

SECTION III.

DE LA COMPOSITION DE LA COMMUNAUTÉ.

D'après les anciennes coutumes, « homme et femme conjoints par mariage sont uns et communs » (cout. de Paris, art. 220 ; anc. cout. d'Orléans, art. 167 ; nouv. cout., art. 186).

Le principe que les époux ne font qu'un, et que la femme, comme le dit Pothier, « est censée ne faire qu'une même personne avec son mari » (Pothier, cout. d'Orléans, tit. X, sur l'art. 186, note), aurait dû amener cette conséquence qu'il y a entre époux une communauté universelle de biens. Cependant les mêmes coutumes statuent que la communauté consiste « en biens meubles, dettes actives et passives, faites tant auparavant leur mariage que durant icelui, et ès conquêts immeubles faits durant ledit mariage. »

Pourquoi les immeubles qu'avaient les époux ne tombaient-ils pas dans la communauté? La raison de cette restriction doit être cherchée, selon nous, dans l'état général de la propriété immobilière en pays coutumiers.

On sait que les Germains avaient coutume de faire chaque année le partage de leurs champs, comme le rapporte Tacite, « arva per annos mutant » (*De moribus Germanorum*). Les Francs ont appliqué leurs usages et leurs lois dans les terres conquises. Le roi envoyait ordinairement tous les ans, dans les provinces, des comtes, dont l'une des missions consistait à partager les terres entre les divers habitants. Ces missions obtiennent insensiblement une durée plus grande, et plusieurs comtes obtiennent même, à prix d'argent, la continuation de leur fonction, et enfin ils finissent par se rendre presque indépendants lors du déclin de la première race. A mesure que le pouvoir des comtes s'affermit, ils font des concessions d'une durée plus ou moins longue, en se réservant sur les fonds cédés des droits de suzeraineté; ils en conservent le domaine direct; ils les ont sous leur *mouvance*, tandis que les concessionnaires obtiennent, moyennant certaines conditions, le domaine utile.

Dans cette époque, la communauté entre époux ne pouvait point comprendre les immeubles : aucun texte de loi n'était nécessaire pour les en exclure. En effet, la propriété de ces sortes de biens n'appartenait à vrai dire ni au seigneur suzerain ni au vassal ; elle appartenait au roi. Et lorsque ensuite, sous la féodalité, le droit de propriété des immeubles se fortifie, il est considéré comme inhérent plutôt à la famille qu'à la personne. De là, dans le but de perpétuer les biens dans les familles, cause de leur prospérité, on voit naître et se développer les substitutions, les retraits lignagers et les droits d'aînesse.

Ainsi, dans l'origine, les époux étaient « *uns et communs* » pour tous leurs droits. Mais ces droits étaient limités aux choses mobilières et aux revenus des immeubles. Ensuite, lorsque le droit de propriété s'étendit aux immeubles, on resta dans les mêmes limites à cause du principe de la patrimonialité des héritages, et ce principe est encore de nos jours consacré par le Code Nap., quoique l'abrogation des lois féodales ait fait disparaître les distinctions qui existaient entre la nature et l'origine des biens, et que par là tous soient également disponibles entre les mains du propriétaire. Mais si les immeubles n'avaient pas le caractère patrimonial, c'est-à-dire s'ils étaient acquis pendant le mariage ou conquêts, ils tombaient dans la communauté. En outre, dès que l'immeuble qui faisait partie des propres de l'un des époux était vendu, l'équivalent ne conservant plus le caractère de bien réservé à la famille, attaché aux seuls immeubles, tombait dans la communauté, sans aucune récompense pour l'époux dont le propre avait été vendu. C'est ce qui faisait dire, en manière de proverbe, que « le mari ne pouvait se lever trop matin pour vendre les propres de sa femme » (Argou, tome II, chap. 12).

Les réformateurs des coutumes ont considéré que les aliénations faites par l'un des époux « donnaient lieu » tous les jours aux avantages indirects entre le mari et » la femme, puisque celui qui voulait donner à l'autre » n'avait qu'à vendre ses propres pour en faire entrer le » prix dans la communauté, dans laquelle chacun des » époux avait sa moitié ; ils ont ajouté un article dans la » nouvelle coutume, par lequel la récompense ou le remploi des propres aliénés est ordonné en toutes sortes » de cas, tant à l'égard du mari qu'à l'égard de la » femme » (cout. de Paris, art. 232 ; cout. d'Orléans, art. 192, et Argou, t. II, p. 159).

D'après les coutumes, la communauté acquérait tous les immeubles donnés soit aux deux conjoints, soit même à l'un d'eux, « fors et excepté les donations faites en » ligne directe, lesquelles ne tombent en communauté » (cout de Paris, art. 246; anc. cout. d'Orléans, art. 177; nouv. cout., art. 211). Cette disposition est en partie abrogée par l'art. 1405 Cod. Nap., d'après lequel « les » donations d'immeubles qui ne sont faites pendant le » mariage qu'à l'un des deux époux ne tombent point en » communauté, et appartiennent au donataire seul. » On s'est demandé sur cet article si l'immeuble donné aux deux époux tombe en communauté. Nous pensons, tant en présence de l'ancienne jurisprudence que de la rédaction si formelle de l'art. 1405, qu'en donnant aux deux époux, l'intention du donateur paraît être qu'il a voulu faire une libéralité à la communauté, qui réunit les époux dans un même intérêt.

Ajoutons, quant aux successions qui échoient aux époux, que tous les meubles tombent en communauté, tandis que les immeubles restent propres à l'héritier. Nous voyons dans ces exemples le principe de l'unité des époux restreint, quant à ses conséquences, aux choses qui n'ont pas le caractère patrimonial.

Dans toutes les coutumes, il était de maxime que celui « *qui épouse le corps épouse les dettes* » (Loisel, liv. III, chap. III, nº 7). Ainsi tombait dans la communauté tout ce qui tenait à l'individualité des époux, tant les meubles et créances mobilières que les dettes. Ce principe recevait son application non-seulement quand il s'agissait des dettes antérieures au mariage, mais encore quand il s'agissait des dettes contractées pendant le mariage, même indirectement par l'acceptation de succession. C'est ce qui résulte de ces expressions générales, « que la communauté se compose des biens meubles et » dettes actives et passives faites tant auparavant leur » mariage que durant icelui » (anc. cout. d'Orléans, art. 167; nouv. cout. d'Orléans, art. 186; cout. de Paris, art. 220). On ne faisait donc aucune distinction à cet égard entre les successions mobilières ou immobilières; les dettes dont elles étaient grevées tombaient toujours dans la communauté et sans récompense.

Toutefois, lorsque le principe de la conservation des biens dans les familles s'est affaibli, et que les dettes, qui autrefois suivaient toujours les meubles, ont été considérées par la coutume de Paris, conformément au droit romain, comme une charge de tout le patrimoine, et que cette disposition équitable fut étendue par la jurisprudence dans toutes les coutumes qui ne repoussaient pas formellement une telle application, la jurisprudence a bientôt apporté des modifications dans la composition passive de la communauté. D'abord elle a excepté de la règle qui fait supporter les dettes mobilières par la communauté celles qui ont pour cause l'acquisition d'un immeuble propre à l'un des conjoints, ou la soulte à raison d'un immeuble tombé dans son lot. On a trouvé, comme le dit Pothier, « qu'il serait trop dur que le conjoint fît payer à la communauté le prix d'un immenble qu'il garde pour lui seul » (Pothier, sur cout. d'Orléans, tit. X, introduction, n° 26). Ce principe d'équité a ensuite été généralisé, et on a dit que les dettes grevant une succession entièrement immobilière devaient rester propres au conjoint à qui la succession est échue. Enfin, lorsque la succession est partie mobilière, partie immobilière, les jurisconsultes, et entre autres Pothier (*Traité de la communauté*, nos 264, 265), en s'appuyant sur l'art. 334 de la coutume de Paris, qui faisait contribuer les héritiers aux différentes espèces de biens, à toutes les différentes espèces de dettes, en ont conclu que l'esprit de cette coutume était que les dettes des successions mixtes fussent supportées par la communauté et par le conjoint, dans la proportion de la valeur des biens que chacun prend dans la succession. Le Code Nap., art. 1409, 1411, 1412, 1413 et 1414, a consacré ces innovations, qui sont d'ailleurs en harmonie avec l'ensemble de nos lois. Toutefois les dettes mobilières qu'avaient les époux lors de la célébration du mariage, et qui n'ont pas pour cause immédiate un immeuble qui reste propre au conjoint, sont toutes à la charge de la communauté. Cette disposition, puisée au sein de la féodalité et reproduite par les coutumes, a été respectée par l'ancienne jurisprudence et a passé dans l'art. 1409 C. Nap.

SECTION IV.

DE LA PERSONNIFICATION DE LA COMMUNAUTÉ.

Comme l'observe judicieusement Pothier, « la femme était censée ne faire qu'une même personne avec son mari. » De là elle devenait en quelque sorte l'accessoire du mari, qui exerçait sa puissance tant sur elle-même que sur ses biens. Aussi toutes les coutumes appellent le mari « seigneur et maître de la femme, de tous ses droits et actions. » « Plus nous remontons vers les plus anciens monuments du droit coutumier, et mieux nous trouvons constaté d'un côté la puissance, de l'autre l'incapacité » (Ginouillhac, *Histoire du régime dotal et de la communauté*, p. 289). Le mari est à plus forte raison seigneur et maître de la communauté. A cet égard, la communauté lui était tellement propre que lorsqu'il était condamné pour crime emportant la confiscation des biens, le fisc prenait avec ses propres toute la communauté (anc. cout. d'Orléans, art. 176). Dumoulin s'est élevé contre la confiscation totale de la communauté, et la décision de ce jurisconsulte a été consacrée par l'article 209 de la nouvelle coutume d'Orléans, dont l'esprit a été reproduit par l'art. 1425 C. Nap. Quant à la femme, comme elle n'a aucun droit sur les biens de la communauté tant que le mariage existe, elle ne peut confisquer aucun des biens qui la composent. Si elle subit une condamnation capitale, le fisc s'empare de ses propres et ses droits dans la communauté accroissent au mari ou, selon quelques coutumes, demeurent aux héritiers de la femme.

Nous venons de voir que le mari était maître absolu de tous les biens composant la communauté qui faisait partie de son patrimoine ; voyons maintenant les innovations introduites à cet égard par le Code.

Le législateur moderne a considéré, sous l'empire des principes de liberté, que la femme devait avoir une personnalité plus distincte de celle de son mari et devait être en quelque sorte son égale, son associée. Dès lors, dans l'union conjugale on distingue trois patrimoines bien différents, ayant chacun son actif et son passif, et on établit des règles tendant à empêcher que l'un de ces patrimoines puisse s'enrichir aux dépens de l'un des deux autres. La personnalité de la communauté apparaît d'abord dans l'art. 1399 C. Nap., qui porte que cette communauté commence du jour du mariage, ainsi que dans les dispositions qui tracent sa composition tant active que passive. Le tribun Duveyrier disait à cet effet, au sein du tribunat, dans la séance du 19 pluviôse an XII : « Le projet de loi distingue les créanciers de la commu- » nauté, les créanciers personnels du mari, les créan- » ciers personnels de la femme. »

Ces innovations démontrent que le mari n'est plus seigneur et maître de la communauté. Aussi l'art. 1421 C. Nap. et la rubrique de la section qui le précède appellent-ils le mari administrateur des biens de la communauté. Cet administrateur, qui agit dans l'intérêt de son associée comme dans le sien propre, devait obtenir des pouvoirs presque illimités sur les biens de la communauté, d'autant plus que les immeubles qui lui restent propres sont grevés d'hypothèque dans l'intérêt de la femme, et qu'il ne peut engager les biens de celle-ci. Aussi l'art. 1421 proclame-t-il que le mari peut vendre, aliéner et hypothéquer les immeubles de la communauté sans le concours de la femme. Lorsqu'il contracte, les bénéfices qui peuvent en résulter profiteront à la communauté, et réciproquement c'est elle qui devient débitrice principale de tous les engagements du mari, et par application des art. 2092 et 2093 C. Nap.. les créanciers ont pour gage tous les biens de la communauté sans craindre d'être primés par les créances que l'un des époux pourrait avoir contre la communauté. En effet, le tribun Duveyrier disait aussi : Si les époux ont sur la communauté des droits respectifs qui ne peuvent être sacrifiés, les tiers ont des droits plus respectables encore « que la loi de- » vait plus soigneusement garantir contre les intérêts » communs ou personnels des deux époux. » Ainsi, dans les règles qui concernent la communauté, on a voulu concilier à la fois l'intérêt des époux et l'intérêt des tiers qui, en contractant avec le mari, doivent considérer les biens de la communauté qui profite des bénéfices de l'engagement comme étant principalement leur gage, d'autant plus qu'ils sont primés par la femme sur les immeubles du mari. S'ils étaient également primés sur les biens de la communauté, le mari ne pourrait leur fournir aucune garantie solide, et son administration, au lieu d'être libre, se trouverait continuellement entravée : ce qui serait contraire à la fois à la bonne administration de la communauté, à la dignité du mari qui aurait besoin pour chaque acte un peu important de solliciter l'intervention de sa femme, et à l'intérêt de cette dernière, qui en intervenant se trouverait obligée sur tous ses biens. Disons donc qu'en créant la personnalité de la communauté, en restreignant les pouvoirs du mari à ceux d'un libre administrateur, et en le considérant comme un mandataire dans l'intérêt commun des époux, le législateur qui a proclamé le principe de la libre circulation des biens pour faciliter le crédit et la prospérité générale, a voulu aussi et surtout donner aux tiers des garanties qu'ils ne trouvaient pas dans l'ancienne législation.

Il nous semble donc que la jurisprudence a méconnu les principes qui constituent la communauté et qui ont le plus vivement préoccupé le législateur, lorsqu'elle accorde à la femme, pour ses reprises, soit un droit de propriété sur les biens de la communauté, soit un privilége, soit une hypothèque sur ces mêmes biens; c'est ce que nous espérons démontrer dans les sections suivantes.

SECTION V.

DES GARANTIES DE LA FEMME POUR LA RESTITUTION DE SA DOT ET AUTRES REPRISES.

Dans l'ancien droit coutumier, la femme n'avait aucune garantie pour ses reprises : à la dissolution de la communauté, elle subissait nécessairement toutes les conséquences des opérations de son mari, sans pouvoir les répudier. Elle était donc, conformément aux mœurs germaines, *laborum periculorumque socia*, et elle trouvait sa garantie unique dans les sentiments naturels du mari, de veiller à la prospérité du patrimoine de la famille dont il était le chef presque souverain. D'ailleurs, dans ces temps primitifs, la femme qui, par le mariage, devenait une associée, une parsonnière, avait dans l'administration des biens de la famille une influence marquée, qui se révèle d'une manière saillante dans tout le moyen âge.

Depuis les croisades la femme noble, et depuis la réformation des coutumes la femme non noble, obtiennent le bénéfice de renoncer à la communauté en reprenant leurs propres.

Plus tard, la femme obtint le droit de prélever ou de reprendre le prix de ses propres aliénés, et bientôt, pour mieux assurer ses droits, elle obtient sur les biens de son mari une hypothèque générale. Cette garantie, qui prend son origine à une époque où les principes du droit romain s'étendent dans les pays de coutume, frappe sur tous les biens de la communauté, puisqu'ils se confondent avec ceux du mari. Comme nous l'avons dit, cette hypothèque, qui garantissait toutes les actions en récompense et en indemnité que la femme pouvait exercer contre son mari, avait une date unique, celle du contrat de mariage ou, à défaut, de la célébration du mariage. Nous avons indiqué les heureuses modifications que, dans l'intérêt de l'administration du mari et des tiers, l'art. 2135 C. Nap. a introduites.

Lorsque la communauté est dissoute, la femme peut ou l'accepter ou y renoncer.

I. — Lorsque la femme accepte la communauté, elle consent à succéder à une personne morale, et par application des principes des successions, elle profite de l'actif et supporte le passif dans la proportion de ses droits, sous la modification portée par l'art. 1483 C. Nap. Le partage de la communauté, comme celui d'une succession, est précédé d'opérations qui tendent à déterminer les droits de chacun des époux dans ses rapports avec la communauté, et à les assurer au moyen de prélèvements qui rétabliront l'égalité et permettront une formation de lots dont le tirage au sort fera cesser généralement tout rapport pécuniaire entre les copartageants.

Lorsque les opérations préliminaires constatent que des droits reviennent à la femme, elle prélève sur la masse des biens communs : — 1° Ses biens personnels qui ne sont point entrés en communauté et ceux qui ont été acquis en remploi. Il est évident que la femme agit ici en qualité de propriétaire, et, à cet égard, il n'y a de sa part ni acquisition, ni effet rétroactif ; elle est assimilée, par rapport à ces biens, à un nu-propriétaire qui, lors de la cessation de l'usufruit, devient plein propriétaire ; — 2° Le prix de ses immeubles qui ont été aliénés pendant la communauté, s'il n'a point été fait remploi, et les indemnités qui lui sont dues par la communauté, art. 1470 C. Nap. Pour ces deux dernières causes, les prélèvements de la femme s'exercent sur l'argent comptant et sur le mobilier, subsidiairement sur les immeubles de la communauté, et, en cas d'insuffisance, sur les biens personnels du mari (art. 1471, 1472 C. Nap.).

Lorsque les prélèvements de la femme s'exercent sur les biens de la communauté, elle doit être considérée comme ayant été propriétaire des biens prélevés depuis la dissolution de la communauté, comme des objets qui, par l'événement du partage, tombent dans son lot. En effet, l'art. 883 C. Nap., qui porte que chaque cohéritier est censé avoir succédé seul et immédiatement à tous les effets compris dans son lot, est applicable, en matière de partage de communauté comme en matière de partage de succession, non-seulement aux effets qui ont été placés dans les lots, mais encore à ceux qui ont été prélevés. Le motif de la fiction qui est introduite pour mettre les cohéritiers à l'abri des actes procédant de leurs cohéritiers, pendant l'indivision, milite aussi bien en faveur des prélèvements que des objets échus par l'effet du lotissement. Lors, au contraire, que les prélèvements de la femme s'exercent sur les biens du mari, elle ne peut les acquérir que s'il y consent ou par les voies de l'expropriation forcée, mais alors c'est une créancière qui acquiert les biens de son débiteur, et, à cet égard, il y a mutation de propriété sans effet rétroactif.

Le Code Napoléon s'est servi du mot *prélever* pour exprimer des opérations essentiellement distinctes. La jurisprudence nous semble avoir, par suite de cette confusion, tiré des conséquences complétement inadmissibles.

II. — Lorsque la femme renonce à la communauté, elle est réputée n'avoir jamais été copropriétaire des biens qui la composent, et cette fiction produit des effets rétroactifs au moment, non pas du mariage, puisque alors la communauté avait une personnalité exclusive de toute indivision; mais jusqu'à l'époque seulement de la dissolution de la communauté. Par cette renonciation la femme perd tous ses droits indivis et autres qui faisaient partie de la communauté, et le mari les acquiert par droit d'accroissement. Dans ce cas la femme reprend les biens qu'en cas d'acceptation elle aurait pu prélever, c'est-à-dire : 1° ses immeubles qui existent en nature et ceux qui ont été acquis en remploi; 2° le prix de ses immeubles aliénés et les indemnités qui lui sont dues par la communauté. Pour ses reprises des objets qui existent en nature, elle agit comme propriétaire; pour le prix et les indemnités, au contraire, elle agit contre son mari comme tout autre créancier. De même que le mot *prélèvement*, le mot *reprises* a été inexactement employé pour des actes de caractères essentiellement distincts. En effet, la femme reprend bien, il est vrai, ses biens existant en nature; mais il est impossible qu'elle reprenne soit le prix de ses immeubles aliénés, puisque, dès le moment de la vente, la créance contre l'acheteur est tombée dans la communauté qui, par le payement, a conséquemment aussitôt et exclusivement acquis le prix, soit surtout les indemnités auxquelles elle peut avoir droit par suite de la négligence ou de la mauvaise administration de son mari.

Remarquons que l'hypothèque légale de la femme s'étend, en cas de renonciation, sur tous les immeubles de la communauté, comme en cas d'acceptation sur ceux qui sont échus au mari : cette hypothèque date du jour de la dissolution de la communauté.

SECTION VI.

DES DROITS DE LA FEMME EN RAPPORT AVEC LES TIERS.

Jusqu'ici nous avons examiné les droits de la femme dans ses rapports avec son mari, pour l'exercice de ses reprises; voyons maintenant quels sont ses droits lorsqu'elle se trouve en conflit avec les créanciers de la communauté.

Dans cette matière qui est une des plus importantes de notre sujet, quatre systèmes sont en présence. La jurisprudence a successivement augmenté les garanties de la femme sur les biens de la communauté. Au lieu de parler de ces systèmes dans l'ordre chronologique, nous prendrons un ordre inverse et nous examinerons d'abord la jurisprudence actuelle de la Cour de cassation.

Premier système. — La femme, soit qu'elle accepte, soit qu'elle renonce, agit pour ses reprises sur les biens de la communauté en qualité de propriétaire. — Pour soutenir cette opinion, on s'appuie sur les art. 1470, 1471, 1472 Cod. Nap., qui permettent à la femme de prélever le prix de ses immeubles et les indemnités qui lui sont dues, et sur l'art. 1493 Cod. Nap., qui lui permet de reprendre ce prix et ces indemnités.—Vous voyez, dit-on, que la femme acceptante ou renonçante n'est pas traitée comme une créancière; elle reprend son prix et ses indemnités comme elle reprendrait un propre en nature; elle obtient ainsi une chose qui ne peut pas, plus que ses propres, être le gage des créanciers de la communauté, qu'elle exclut ainsi, en vertu d'une sorte de distraction de la valeur représentative des propres confondus à tort dans les biens de la communauté. Elle a dans les biens communs une part qui s'agrandit de toutes les valeurs qu'elle y verse.

Les conséquences de ce système sont que la femme peut, pour ses reprises, agir en revendication des immeubles qui ont été aliénés postérieurement à la naissance de ses droits contre la communauté, et à plus forte raison qu'elle peut faire considérer comme consentie sur la chose d'autrui la constitution d'hypothèque sur un immeuble de la communauté.

Ce système, qui est consacré par la Cour de cassation (1er août 1848; — 28 mars 1849; — 15 et 23 février 1853; — 11 avril 1854), et auquel les diverses Cours impériales, après avoir longtemps résisté, finissent par se soumettre, nous semble essentiellement contraire au système du Code. D'abord les art. 1470 et suiv. et 1493 C. Nap., ne règlent que les rapports entre époux, et non pas les rapports de la femme avec les tiers, et, par conséquent, ces articles sont transportés dans une matière complétement étrangère. On donne d'ailleurs à ces articles un sens qui est en opposition avec les principes les plus élémentaires du droit. En effet, en indiquant que la femme prélève ou reprend le prix et les indemnités qui lui sont dus, le législateur manifeste que la femme est une créancière, et s'il lui donne un droit de prélèvement ou de reprise, c'est uniquement afin de régler d'une manière définitive les rapports pécuniaires qui existent *inter conjuges*, comme cela a lieu *inter coheredes*, lorsque l'un des héritiers est débiteur ou créancier de la succession acceptée. Une preuve bien certaine que la femme n'est que créancière à raison de son prix et de ses indemnités, et non pas propriétaire, se trouve dans les art. 1473 et 2135 C. Nap. Si la femme était propriétaire, pourrait-on dire que les récompenses et indemnités dues par la communauté aux époux, ou par les époux à la communauté, emportent intérêt de plein droit du jour de la dissolution de la communauté? un droit de propriété peut-il produire des intérêts? Si la femme avait, pour ses reprises, un droit de propriété sur les biens de la communauté et du mari, l'art. 2135, et même l'hypothèque légale de la femme, ne seraient-ils pas inutiles? Comment concevoir, en effet, que la femme ait une hypothèque sur des biens qui lui appartiennent en propre? N'est-il pas de principe incontestable que le droit de pleine propriété est exclusif de tout autre droit réel, et que cet adage du droit romain, *nemini res sua servit*, est applicable, en droit français, à l'hypothèque comme aux démembrements de la propriété? Si la femme était propriétaire des biens de la communauté en proportion de son droit d'indemnité ou de reprise, ne faudrait-il pas dire, nécessairement, qu'elle profite, sous ce rapport, des augmentations et supporte les diminutions de valeur? Or il n'en est rien; la perte de tous les biens communs ne porte, en droit, aucun préjudice à la femme en ce qui concerne ses reprises. Cela ne prouve-t-il pas évidemment que la femme n'a contre la communauté qu'un droit de créance? Aux termes des art. 711, 938, 1138 et 1583 C. Nap., la propriété se transmet par l'effet des obligations. Mais ce principe est uniquement applicable au cas où l'objet de l'obligation est un corps certain ou déterminé, qui, dès lors, demeure aux risques et périls de l'acquéreur. Or la femme est-elle créancière d'un corps déterminé des biens de la communauté? Court-elle les risques de la perte de l'un de ces biens? Évidemment non. Ainsi, sous quelque rapport que l'on envisage les droits de la femme, on ne peut lui reconnaître, sur les biens de la communauté, un droit de propriété, à raison de ses reprises, sans violer manifestement tous les principes généraux du droit. De là nous concluons que ce système de la Cour de cassation est contraire aux vues du législateur, et que la femme n'exerce pas ses reprises à titre de propriétaire ni sur les biens du mari, ni même sur les biens de la communauté.

La Cour de cassation, frappée de l'extension considérable qu'a prise la richesse mobilière depuis la rédaction du Code, et du peu de garantie que le mari peut offrir de la restitution de la dot et des autres droits de la femme, a voulu donner à celle-ci des garanties qui ne sont ni dans le texte ni dans l'esprit de la loi, et, uniquement préoccupée des droits de la femme, elle sacrifie les intérêts également sacrés des tiers. Oubliant ainsi ces paroles du tribun Duveyrier : « Les tiers ont des

» droits plus respectables que les époux, et la loi devait » plus soigneusement les garantir contre les intérêts » communs ou personnels des deux époux. » Elle sacrifie aussi les pouvoirs du mari, qui, aux termes de l'art. 1421 C. Nap., peut vendre, aliéner et hypothéquer les biens de la communauté sans le concours de la femme. Elle porte ainsi la plus vive atteinte à la puissance maritale, et affaiblit par là la puissance paternelle et la force des liens de famille. Les tiers, d'après la jurisprudence de cette Cour, ne voudraient plus traiter avec le mari, même relativement aux biens de la communauté, sans l'intervention de la femme, qui aurait ainsi la faculté de permettre ou d'arrêter à son gré les actes d'administration. Dans ce système le mari ressemblerait à ces tuteurs des femmes pubères dont parle Cicéron, qui, au lieu d'avoir la puissance sur les femmes, se trouvaient soumis à leur puissance (1). Ce n'est pas le mari, mais, en fait, c'est la femme qui aurait à apprécier l'utilité des actes d'administration. Le mari serait donc ainsi entravé par le contrôle de celle que la nature et la loi religieuse et civile met sous sa puissance. Enfin, un pareil système tournerait même au détriment de la femme; car, placé dans la nécessité de la faire intervenir, le créancier exigerait de sa part un engagement personnel, qui, conséquemment, lui donnerait un droit général de gage sur tous ses biens personnels.

Second système. — D'après ce système, on accorde à

(1) Cicero, *pro Murena*, cap. 12. — Mulieres omnes propter infirmitatem consilii, majores in potestate virorum esse voluerunt; hi invenerunt genera tutorum quæ potestate mulierum continerentur.

la femme acceptante, pour ses reprises et indemnités, un droit de préférence tant sur les meubles que sur les immeubles de la communauté, à l'encontre des créanciers; et à la femme renonçante une hypothèque sur les immeubles de la communauté, lors même qu'ils auraient été aliénés pendant le mariage. — M. Troplong, qui paraît être l'inventeur de ce système, surtout en ce qui concerne la femme acceptante, s'exprime en ces termes: « Qu'est-ce que la femme au moment de la dissolution » de la communauté? c'est un créancier saisi de ses » gages; elle veille sur ses gages, et j'ajoute qu'elle en » a la possession; car elle est là, présente, au milieu de » ce qui fait son assurance et sa garantie. Pourquoi donc » s'étonnerait-on si, créancière de ses reprises, elle se » paye par préférence et par l'effet d'une sorte de droit de » rétention, sans que les autres créanciers non saisis puis- » sent quereller cet avantage laissé à la faveur de la dot. » C'est un dépôt qu'elle reprend. » (M. Troplong, *Contrat de mariage*, n° 1638.) « La femme, ajoute-t-il, a » une sorte de gage tacite, le prélèvement privilégié en » est la conséquence, et les créanciers qui savent qu'elle » aurait préférence sur eux s'il fallait recourir sur les » propres du mari, doivent trouver *tout simple* qu'elle les » prime sur les effets de la communauté, qui sont plus » intimement tenus de l'obligation de la remplir de ses » reprises. » (*Ibidem*, n° 1641.)

Ce système s'appuie principalement sur l'art. 1483, C. Nap., portant que: « La femme n'est tenue des dettes » de la communauté, soit à l'égard du mari, soit à » l'égard des créanciers, que jusqu'à concurrence de » son émolument, pourvu qu'il y ait bon et fidèle inven- » taire... » Et l'on dit que la femme n'a « pour émolu-

» ment que ce qu'elle retire de la communauté, distrac-
» tion faite de ses reprises et de ses prélèvements...
» Qu'elle ne fait que retirer, pour ses prélèvements, des
» valeurs dont la communauté était dépositaire... Qu'elle
» n'est tenue à l'égard des créanciers qu'autant qu'elle
» amende, et qu'elle n'amende pas, quand elle ne fait
» que retirer ses propres ou les valeurs qui les représen-
» tent, selon les expressions de Coquille, *la veuve re-*
» *prend ses propres sans charge des dettes faites par le*
» *mari.* » (M. Troplong, *ibidem*, n° 1736.)

Nous pensons que ce système ne doit point être admis, par les raisons suivantes. L'art. 1483 C. Nap. ne suppose aucunement que la femme ait des reprises à exercer; dans ce cas, il est évident qu'elle ne peut être poursuivie que jusqu'à concurrence de son émolument. Mais si, au contraire, elle avait des droits de créance contre la communauté, soit à raison du prix de ses propres, soit à raison d'indemnités, elle doit être placée sur la même ligne que les autres créanciers. Quant à ce qui lui est échu des biens de la communauté, elle est entièrement assimilée, à cet égard, à un héritier bénéficiaire. Pour ce dernier, on entendra par émolument tout ce qu'il n'aurait pas reçu dans le cas où il serait resté étranger à la succession : il concourt donc pour ce qui lui est dû avec les créanciers de la succession. Il en est de même de la femme acceptante : elle vient prendre dans sa part de la communauté insuffisante une somme proportionnée à ses droits. Tout ce qui dépasse cette proportion doit être considéré comme émolument et appartenir exclusivement aux autres créanciers. Pour que la femme pût être, pour ses reprises, préférée sur les biens de la communauté aux autres créanciers, il faudrait une disposition spéciale et formelle, car ce serait en sa faveur un privilége dérogeant à toutes les règles des sociétés et des successions. Or cette disposition n'existant pas, il en faut conclure que la femme n'a pas, pour le prix de ses immeubles et pour les indemnités qui lui sont dues, un privilége sur les biens de la communauté.

L'adage que *la veuve reprend ses propres sans charge des dettes faites par le mari* n'est évidemment applicable que lorsqu'il s'agit des *propres*, c'est-à-dire des biens personnels de la femme, qui existent en nature. Dans les nos 2 et 3 de l'art. 1470 C. Nap., il est évident qu'il ne s'agit pas de propres et que cet adage leur est étranger. Enfin le grand jurisconsulte qui donne ce système nous semble commettre une erreur, lorsqu'il dit que la communauté est dépositaire du prix et surtout des indemnités dues à la femme. L'art. 1915 C. Nap. ne dit-il pas en termes formels que « le dépôt est un acte par lequel on reçoit la chose d'autrui, à la charge de la garder et de la restituer en nature? » Or la communauté a-t-elle reçu, d'après l'intention du mari et de la femme, le prix des immeubles pour le garder et le restituer en nature? A-t-elle reçu les indemnités? peut-elle les restituer en nature?

Voyons maintenant si la femme doit être considérée comme un créancier saisi de ses gages; en d'autres termes, comme un créancier gagiste. D'après les articles 2092, 2093 et 2095 C. Nap., il n'y a de cause de préférence que dans les cas déterminés par la loi; or, nulle part la loi n'accorde de privilége à la femme acceptante sur les biens de la communauté. D'ailleurs le créancier gagiste n'a de privilége que par suite d'une convention spéciale constatée par un acte réunissant certaines conditions énumérées par l'art. 2074 C. Nap., ce qui n'a pas lieu non plus dans l'espèce, surtout lorsqu'il s'agit d'indemnités dues à la femme. La femme acceptante n'est pas plus nantie de ses gages que l'héritier bénéficiaire ou le légataire universel, et comme eux elle ne fait que conserver le droit de réclamer le payement de ses créances (art. 802 C. Nap.) contre la communauté.

Ainsi, sous quelque point de vue qu'on envisage ce système, on reconnaît que le législateur n'a pas voulu accorder à la femme commune et acceptante de privilége sur les biens de la communauté. Son intention apparaît aussi par l'art. 1572 C. Nap. dans lequel il abroge l'ancien privilége qu'avait la femme dotale sur les biens de son mari. L'introduction d'un privilége pour la femme commune et l'abrogation du privilége de la femme dotale formeraient une anomalie contraire aux vues générales du législateur, et rien n'autorise à supposer une pareille contradiction.

Quant à la femme renonçante, nous examinerons, dans le troisième système, si sa renonciation a pour effet de frapper les immeubles qui ont appartenu à la communauté, d'une hypothèque qui les a atteints au fur et à mesure qu'ils y sont entrés.

Troisième système. — La femme a une hypothèque légale sur tous les conquêts de communauté. Si à la dissolution elle accepte la communauté, soit qu'on l'envisage comme ratifiant les actes de son mari, soit qu'on la considère comme tenue de la garantie, elle ne pourra pas opposer son hypothèque aux créanciers hypothécaires ni aux tiers détenteurs d'immeubles de la communauté. Si, au contraire, elle renonce, les biens de la communauté sont biens du mari, et puisque ce sont les biens du mari, il en résulte que les immeubles sont atteints par l'hypothèque légale de la femme et que cette hypothèque lui donne le droit de poursuivre ses reprises, sous les modifications de l'art. 2135 C. Nap., par préférence aux créanciers hypothécaires, et même entre les mains des tiers détenteurs des immeubles de la communauté (M. Troplong, *Contrat de mariage*, n° 1815).

Ce système qui est généralement admis, ne nous paraît pas fondé ; il suppose que la communauté n'a pas d'existence propre, que les anciens principes qui considéraient le mari comme propriétaire de la communauté ont été maintenus par le Code. Mais comme nous l'avons déjà dit, la communauté naît, vit et meurt : elle a ses créanciers personnels et ses débiteurs personnels, son actif, son passif et son administrateur ; d'où il résulte évidemment, que le Code a modifié et changé les anciens principes. En outre, par les mêmes raisons, tant que la communauté fonctionne, les époux ne sont pas dans l'indivision, celle-ci ne commence que lors de la dissolution ou mort de la communauté ; par conséquent, la renonciation de la femme qui a pour effet de faire cesser l'indivision ne rétroagit qu'au jour de la dissolution. Elle ne peut pas avoir pour effet d'anéantir des droits valablement acquis, puisque le mari en aliénant et en hypothéquant des biens de la communauté n'a agi qu'en vertu de son mandat et dans l'intérêt commun des époux.

Ce système est, en outre, contraire au principe qui régit les droits de préférence. En effet, ces droits de préférence n'existent que dans les cas formellement exprimés par la loi, ne frappent que les biens qu'elle indique, et doivent être, dans l'intérêt des tiers, rendus publics par une inscription au bureau des hypothèques. Or l'art. 2121 C. Nap. dit que l'hypothèque de la femme « frappe sur les » biens du mari. » L'art. 2135 même Code, dit que les femmes ont hypothèque « sur les immeubles de leur » mari. » Et l'art. 2193 C. Nap., donne aux tiers « ac- » quéreurs d'immeubles appartenant à des maris, » la faculté de les purger de l'hypothèque légale. Mais aucun texte du Code ne donne hypothèque à la femme sur les biens de la communauté; d'où il faut conclure que la femme n'a pas d'hypothèque sur ces biens. — En outre, malgré le désir du législateur de favoriser l'intention qu'a le tiers acquéreur de purger l'immeuble des hypothèques qui le grèvent, aucun texte du Code ne donne à l'acquéreur d'immeubles de la communauté, le moyen de le purger de l'hypothèque légale de la femme; d'où il faut aussi conclure que cette hypothèque ne frappe pas les immeubles de la communauté. — Enfin, l'art. 2136 C. Nap. impose au mari l'obligation de révéler par une inscription au bureau des hypothèques, l'hypothèque légale de la femme sur ses biens et sur ceux qui pourront lui appartenir par la suite, à peine, s'il consent des hypothèques sur ses immeubles, sans déclarer qu'ils sont affectés à l'hypothèque légale de la femme, d'être réputés stellionataire. Mais aucun texte de loi ne lui impose l'obligation de prendre inscription sur les biens de la communauté; donc, en les hypothéquant, sans faire aucune déclaration, il ne sera pas réputé stellionataire, d'où il faut conclure que la femme n'a pas d'hypothèque sur les immeubles de la communauté.

Enfin, en accordant à la femme renonçante une hypothèque légale sur les biens de la communauté, on apporte de funestes entraves à l'administration du mari, administration qui, dans l'intérêt des deux époux, de la femme comme du mari, doit conserver toute la liberté d'action que lui accorde l'art. 1421 C. Nap. Or il n'en serait pas ainsi dans le cas où l'hypothèque de la femme frapperait sur les immeubles de la communauté. — Quelle incertitude ne ferait-elle pas naître? — Sait-on si dans trente ou quarante ans la femme acceptera la communauté ou y renoncera? — Si la communauté sera alors ruinée ou prospère? — L'acheteur, obligé de purger l'immeuble acquis de la communauté, ne payera-t-il pas, évidemment, un prix d'autant plus faible qu'il craindra les chances d'éviction, ou qu'il sera placé dans la nécessité de faire les démarches et de payer les sommes nécessaires pour arriver à la purge? — Par conséquent cette hypothèque ne tournerait-elle pas au détriment de la communauté, et en conséquence au détriment de la femme?

Malgré ces remarquables paroles de M. Troplong : « ce » sont là des thèses qu'on peut bien discuter dans les » écoles, mais qui, devant les tribunaux, n'arrêtent pas » un instant les esprits » (*Contrat de mariage*, n° 1816), nous pensons, nous croyons que ce système, sous quelque point de vue qu'on l'envisage, doit être repoussé, tant au point de vue de la loi qu'au point de vue des tiers et de l'intérêt des deux époux.

Mais, dit-on, « de quoi les tiers peuvent-ils se plaindre? » Pourquoi se sont-ils contentés de l'obligation du mari? » Pourquoi n'ont ils pas fait parler la femme au contrat? » (Troplong, *eodem*). Ainsi, dans ce système, on prétend donner plus de garanties à la femme en mettant les tiers dans la nécessité de la faire parler au contrat. Mais outre que l'on porte une vive atteinte à la force administrative du mari, on fait courir à la femme les plus grands dangers, puisque, par son intervention, on l'expose à perdre non-seulement sa mise dans la société conjugale, mais encore les biens qu'elle a voulu conserver en propre. — Ainsi cette innovation tournerait au détriment de la communauté, au préjudice de la femme, à l'amoindrissement de l'administrateur, à l'affaiblissement de la puissance maritale et souvent même à la discorde dans les familles.

Nous admettons, il est vrai, la première partie de ce système, c'est-à-dire que la femme acceptante ne peut pas opposer son hypothèque légale aux créanciers hypothécaires des biens de la communauté, et aux tiers acquéreurs des mêmes biens; mais nous repoussons les motifs sur lesquels on s'appuie.

On dit que lorsque la femme accepte la communauté, elle ratifie les actes du mari, ou qu'elle est tenue de respecter ses actes, parce qu'elle est garante. Mais, selon nous, la femme qui accepte la communauté ne ratifie point les actes du mari. En effet, on ne ratifie que les actes qu'un tiers a faits sans pouvoirs ou au delà de la limite de ses pouvoirs. Or, de tels actes du mari ne sont nullement ratifiés par l'acceptation de la femme. Quant aux actes consentis par le mari dans les limites tracées par l'art. 1421 C. Nap., il les a faits en qualité de mandataire, *tam proprio quam mandatario nomine*. La femme ne peut pas plus ratifier de tels actes, que le mandant ne peut ratifier les actes valablement passés par un mandataire quelconque. La ratification est exclusive du mandat.

On dit encore que la femme qui accepte est tenue pour moitié des dettes de la communauté, ce qui la rend non recevable dans son action hypothécaire, par application de la maxime *quem de evictione tenet actio, eumdem agentem repellit exceptio.* Mais cette maxime n'est pas applicable à la femme acceptante, par la raison qu'elle n'est tenue que pour partie des dettes de la communauté et par conséquent de l'obligation de garantie. De là elle doit conserver pour l'autre partie son droit d'hypothèque légale. D'ailleurs cette obligation de garantie ne cesse-t-elle pas pour le tout lorsque la femme qui a fait inventaire ne trouve aucun émolument dans la communauté? (M. Valette, *Traité des priviléges et hypothèques*, pag. 257.)

Quatrième système. — Dans ce système, la femme acceptante concourt avec les créanciers ordinaires sur les biens meubles et immeubles qu'elle a reçus de la communauté tant pour le prix de ses propres aliénés dont il n'a pas été fait remploi que pour les indemnités qui lui sont dues, et, pour les mêmes droits, elle concourt avec les créanciers ordinaires sur tous les biens meubles du mari, et elle les prime par son hypothèque légale datant du jour de la dissolution de la communauté, sur tous les immeubles que le mari a reçus de la communauté, sans distinguer si elle a accepté ou renoncé. Ce système nous semble entièrement conforme aux principes du Code; puisque, comme nous l'avons vu, la femme n'a pour le prix de ses propres et indemnités, ni droit de propriété sur les biens de la communauté, ni privilége sur ces mêmes biens, ni d'hypothèque sur les immeubles communs tant que dure la communauté.

Voyons ce qui va se passer lorsque la femme acceptante ou renonçante est en rapport soit avec le mari ou ses héritiers, soit avec les créanciers hypothécaires ou cédulaires de la communauté.

I. — *Acceptation de la communauté.* — Quand la femme

accepte la communauté, elle exerce ses prélèvements pour le prix de ses immeubles et ses indemnités, par préférence au mari ou à ses héritiers, sur tous les biens de la communauté, et en cas d'insuffisance, sur les biens personnels du mari qui subit ainsi les conséquences de son administration, sans distinguer si le mauvais état des affaires communes lui est ou non imputable. Lorsqu'elle prélève des biens communs, elle est réputée en avoir été propriétaire depuis l'instant de la dissolution de la communauté. Elle n'est donc pas tenue de respecter ni les aliénations ni les constitutions d'hypothèques que le mari aurait consenties pendant l'indivision; car ses pouvoirs de mandataire et d'administrateur avaient cessé. Lors, au contraire, qu'elle agit pour ses prélèvements sur les biens personnels du mari, elle agit, comme tout autre créancier, par voie de saisie et de vente. Si le mari consent à acquitter sa dette en abandonnant à la femme quelques-uns de ses immeubles, il y aura une *datio in solutum* qui suppose évidemment l'accord des deux parties. Cette *datio* rend la femme propriétaire sans effet rétroactif.

Quand la femme se trouve en rapport avec les créanciers de la communauté, elle est primée par les créanciers qui ont une hypothèque sur les biens communs; car, ainsi que nous l'avons vu, la femme n'a sur ces biens ni privilége ni hypothèque, du moins tant que dure la communauté, et son droit de prélèvement s'exerçant sur les immeubles grevés d'hypothèques au profit des tiers, ne peut point avoir pour effet d'anéantir des droits valablement acquis. Mais elle vient en concours, pour le prix de ses immeubles et les indemnités qui lui sont dues, avec tous les autres créanciers cédulaires de la communauté sur les biens qui lui sont advenus. En effet, d'une part, le mari qui a contracté dans la limite de ses pouvoirs, a rendu le patrimoine commun le gage général de tous les créanciers, et d'autre part la femme, en consentant des aliénations ou des obligations, a aussi pour gage les biens de la communauté. Il est juste et équitable qu'il y ait entre la femme et les créanciers qui ont suivi la foi du mari, un concours semblable à celui qui se réalise en cas d'hérédité bénéficiaire entre l'héritier et les autres créanciers de l'hérédité. Le principe général de l'art. 2093 C. Nap., qui ne reçoit aucune modification dans l'espèce, doit être appliqué dans ce cas. La femme et le mari forment une sorte de société en commandite qui porte le nom du mari et dont le mari est l'administrateur responsable; tandis que la femme n'est qu'un simple commanditaire dont l'apport social consiste, dans l'espèce, en valeurs mobilières énumérées dans l'art. 1401 C. Nap. Or, comme tout commanditaire, elle doit venir, pour toutes les valeurs qui dépassent son apport social, en concours avec les créanciers de la société.

Toutefois, il est à remarquer que la femme a une hypothèque légale dispensée d'inscription sur les immeubles qui appartiennent alors au mari ou qui lui adviennent ensuite. En conséquence, cette hypothèque frappe sur les immeubles communs que le mari a prélevés ou qui lui sont échus par le partage. Mais la femme primera-t-elle les créanciers du mari ou de la communauté sur ces immeubles, surtout lorsqu'elle a déjà payé jusqu'à concurrence de son émolument?

Il est conforme aux principes généraux du droit de dire que la femme prime par son hypothèque tous les créanciers cédulaires ou hypothécaires du mari dont les titres sont postérieurs à la dissolution de la communauté. Quant aux créanciers chirographaires antérieurs à la dissolution, un doute grave s'élève : la femme les primera évidemment s'ils ne peuvent pas demander contre elle la séparation des patrimoines, c'est-à-dire s'ils ne peuvent pas diviser en deux parties les immeubles du mari, dans l'une desquelles se trouveront exclusivement ceux qui ont appartenu à la communauté. Cette séparation des patrimoines paraît, dans l'espèce, ne pas pouvoir être demandée. En voici la raison : en contractant ou en autorisant sa femme à contracter, le mari a engagé non-seulement les biens communs, mais encore ses biens propres ; tous les créanciers ont donc suivi sa foi et ne peuvent, par conséquent, pas demander la séparation des patrimoines contre les créanciers postérieurs à la dissolution de la communauté pour être payés, par préférence, sur les biens qui ont fait partie de cette communauté. Il suit de là que si, après la dissolution de la communauté, le mari contracte une dette et consent en même temps une hypothèque, le créancier primera, par l'inscription de son hypothèque sur l'immeuble anciennement commun, tous les créanciers cédulaires antérieurs. Mais la femme a une hypothèque qui primera ce créancier hypothécaire ; donc elle doit à plus forte raison primer les créanciers que prime ce créancier hypothécaire. En d'autres termes les droits d'hypothèque que le mari a pu valablement conférer, à l'égard des créanciers de la communauté, à une personne, sur les immeubles qu'il a retirés de la communauté, la loi a pu et voulu les constituer en faveur de la femme. Celle-ci doit donc primer tous les créanciers cédulaires de la communauté sur les immeubles communs qui arrivent au mari.

Remarquons que la femme étant assimilée à un héritier bénéficiaire, lorsqu'elle fait inventaire, on lui applique les règles tracées par les art. 808 et 809 C. Nap. Ainsi, lorsqu'il y a des créanciers opposants, la femme ne pourra payer sur ce qui lui est échu que dans l'ordre et de la manière réglée par le juge, et alors elle viendra elle-même, dans la distribution, prendre une part proportionnelle à sa créance. Lors, au contraire, qu'il n'y a pas de créanciers opposants, elle payera les créanciers à mesure qu'ils se présenteront; quand elle aura payé jusqu'à concurrence de son émolument, les créanciers négligents n'auront aucun recours à exercer contre ceux qui auront reçu leur payement intégral. Dans ce dernier cas, c'est-à-dire lorsqu'il n'y aura aucune opposition, la femme doit être placée sur la même ligne que le créancier le plus diligent, pourvu que le premier payement ait été fait sans fraude et de bonne foi.

II. — *Renonciation à la communauté.* — Lorsque la femme renonce, la communauté entière appartient au mari. Pour le prix de ses immeubles et ses indemnités, elle vient en concours, avec tous les créanciers personnels du mari, sur les biens meubles, et elle vient sur les immeubles qui ont toujours appartenu au mari, en vertu de son hypothèque légale, qui a les dates diverses énumérées par l'art. 2135 C. Nap., tandis que, sur les immeubles qui ont appartenu à la communauté, la date de son hypothèque est celle du jour de la dissolution.

POSITIONS.

DROIT ROMAIN.

I. — Le *sane uno casu* du liv. IV, tit. 6, § 2, des Instituts de Justinien se réfère à une question d'état.

II. — Lorsque la femme poursuit le tiers détenteur de l'immeuble dotal, elle agit par une action réelle utile.

III. — Le pacte *addictionis in diem* n'avait pour effet que de procurer au vendeur une action personnelle tendant à lui faire retransférer la propriété de la chose vendue.

IV. — L'usufruit ne peut pas être constitué par pactes et stipulations.

DROIT FRANÇAIS.

I. — La femme majeure ne peut pas restreindre par contrat de mariage son hypothèque légale sur les biens de son mari mineur.

II. — La dot mobilière est inaliénable, sous le régime dotal.

III. — Pour le prix de ses propres et indemnités, la femme n'a sur les biens de la communauté ni un droit de propriété,

IV. — Ni un privilége,

V. — Ni une hypothèque.

VI. — La ratification faite par le mari seul, de l'acte passé par sa femme sans autorisation, n'enlève pas à la femme le droit d'en opposer la nullité.

HISTOIRE DU DROIT.

I. — Les pays de droit écrit ont pu logiquement admettre l'inaliénabilité de la dot mobilière, en se fondant sur les dispositions légales introduites par Justinien.

II. — Les principes de la propriété, chez les Germains et sous la féodalité, ont restreint, dans ses conséquences, le principe que les époux sont *uns et communs.*

III. — Chez les anciens Romains, il y avait *nexum* toutes les fois que l'obligation était formée *coram populo.*

DROIT DES GENS.

I. — Les droits résultant des traités internationaux s'éteignent par la prescription.

II. — L'art. 999 C. Nap. a abrogé l'art. 24 de l'ordonnance de la marine, et a eu pour but d'appliquer aux testaments la maxime générale *Locus regit actum.*

DROIT CRIMINEL.

I. — L'auteur d'un homicide commis en duel n'est pas punissable.

II. — Pour qu'il y ait infanticide, il faut que l'enfant soit né viable.

Vu par le Président de la Thèse,

BUGNET.

Vu par le Doyen,

C.-A. PELLAT.

Permis d'imprimer :

Le Recteur de l'Académie de la Seine,

CAYX.

Paris. — Imprimé par E. Thunot et Ce, 26, rue Racine.

www.ingramcontent.com/pod-product-compliance
Ingram Content Group UK Ltd.
Pitfield, Milton Keynes, MK11 3LW, UK
UKHW020250220726
13923UKWH00002B/887